46

Key Words

The First
Enlightenment
of Life

人之初

现代蒙学四十六课

王尚文　郭初阳　颜炼军
编选

人民东方出版传媒
東方出版社

目录
Contents

序　言

我国是文明古国，蒙学教育源远流长，蒙学读物代有兴替。“三、百、千”（《三字经》、《百家姓》、《千字文》）和《弟子规》等，曾经是历史上最受欢迎的启蒙读物，历来评价最高，却不是当今的少年儿童合适的启蒙读物。道理十分简单，时代变了！就是出现最晚的《弟子规》，距今也有约两百年的历史。而就在这两百多年里，人类社会经历了天翻地覆的变化，我们不能让我们的孩子“不知有汉，无论魏晋”。从前受“三、百、千”和《弟子规》启蒙的人们，如果只囿于“三、百、千”和《弟子规》的水平，今天也必然会成为启蒙的对象。现在，不断有人热心提倡少年儿童学习“三、百、千”和《弟子规》，用心可嘉，但万难达到启蒙的目的。当今世界正经历前所未有之大变革，面对不断涌现的新的价值观念和知识领域，我们必须为青少年探索新的人文启蒙路径。

尚文先生和他的两位年轻朋友有鉴于此，筚路蓝缕，孜孜矻矻，编写了这本《人之初：现代蒙学四十六课》。其理念的现代性，内容的经典性，结构的新颖性，让人耳目一新，应该说是一次较为成功的尝试，值得向广大家长、教师和青少年推荐。但由于是初次尝试，或有不完善之处，亦在所难免。我由衷希望他们博采各方面的意见和建议，争取百尺竿头更进一步。也希望有更多的有识之士，支持、参与这项有意义的事业。

是为序。

周有光

绪　言

意大利哲学家艾柯说，我们的时代，是一个由植物记忆向矿物记忆转变的时代。植物造的纸，近两千年来一直是我们文化记忆和保存的主要载体，如今它正渐渐被以硅为核心材料的电脑替代。这一转换，编织出一个全新的记忆神话：方寸之内，包容无限。信息、知识、海量的数据，让我们陷入了另一种深渊，就像小说家博尔赫斯笔下的记忆奇人富内斯，陷入个体无限的记忆而不能自拔。与这一记忆神话惊人地对称，我们也生活在一个价值多元而混乱的时代。

面对海量的知识、信息，弱水三千，如何独取一瓢，以作为基础人文教育的源头活水？有人主张回归《三字经》、《千字文》、《弟子规》等古代蒙学读本，但它们的内容有时代的局限；也有不少人摸索新的途径，但筚路蓝缕，开拓为难。面对如此纠结的境地，真诚的行动和实验，自然多多益善。编者也按捺不住尝试的诱惑，以瓶管之识，编辑此书，为读者提供一种新的选择。

为青少年读者提供基础人文选本，自应“收百世之阙文，采千载之遗韵”（陆机《文赋》）。而全球化时代文明经典的采集，显然不再受限于民族和地域的差异。按古人所言，应该是“天下”的文明经典。本书遴选了46个关键词，作为全书46课的骨架。每课由经典论述、故事、诗歌三部分结构而成。我们希望，这三部分内容能够围绕着关键词，相互阐释、相互补充、相互激荡，庶几形成一个有机的整体。一流的故事与诗歌，当然决不可能仅仅是某一观念或道理的呈现，相反，它们往往是对观念或道理的碰撞、质疑、解构。所幸，矛盾中自有生机。我们的希望，正是在这种碰撞、质疑、解构之中，使那些看似明晰的观念，在读者那里变成切身的追问和回答，而不再只是印在书本上的冰冷知识。就像优美的琴声，诞生于弓与弦相反的作用力，读者的快乐，也应该来自道理、故事与诗歌之间形成的张力。读者在其中获得的省悟、陶冶和洗礼，即古人所谓“人文以化成天下”的具体开始。这一切，当然只是编者一己之愿，它需要广大读者朋友在阅读中验证。

本书之编始于 2013 年年初，其间多次易稿。关键词的取舍，固耗心力，而在书山文海寻觅合适的经典论述、故事、诗歌，更有非亲历者所不知的艰辛；但我们三人总以为青少年编书理应尽心竭力而后已，相互勉励，不敢稍怠。在编选过程中，我们得到了周有光先生的指点、鼓励，以及其他许多朋友的帮助，在此一并致以诚挚的谢意！由于编者见识所限，书中种种不足，恳请读者朋友批评指教！

王尚文

2016 年 5 月

自爱

第一

【经典论述】

爱己者，仁之端也，可推以爱人也。

——王安石[1]

对于宇宙而言，我是微不足道的，而对我自己，却是一切。

——乌纳穆诺[2]

1　（北宋）王安石：《临川先生文集》，中华书局 1959 年版，第 722 页。
2　［西班牙］乌纳穆诺：《生命的悲剧意识》，段继承译，花城出版社 2007 年版，第 15 页。

【故事】

“宁作我”[1]

桓公少与殷侯齐名，常有竞心。桓问殷：“卿何如我？”殷云：“我与我周旋久，宁作我。”

编者注：

1 桓公（312 — 373）：指桓温，东晋杰出军事家，东征北伐，战功累累，位高权重，威名赫赫。

2 殷侯：指殷浩，“侯”是对他的尊称。东晋时人，官至扬州刺史、中军将军。

3 我与我周旋久：句中的两个“我”，和“我想我应该每天坚持锻炼身体”一句中的两个“我”是一样的。周旋，这里是相处的意思。

译解：

桓温年少时和（名望很大的）殷浩（几乎）齐名，他常有要胜过殷浩的念头。后来（趾高气扬的）桓温（非常得意地）问殷浩：“（现在）你怎么能和我相比？”殷浩（淡淡地）说：“我和我自己相处久了，宁愿做我自己。”

从表面上看，桓温问殷浩时是何等得意，但实际上殷浩的内心世界却远比桓温从容淡定，精神境界要高出许多。

1 徐震堮：《世说新语校笺》，中华书局 1984 年版。

与所亲书[1]（节选）

近者涉道，昼夜接宾，不得宁息。人自敬丞相长史，男子张君嗣附之，疲倦欲死。

编者注：

1 丞相长史：官名，协助丞相管理文书等事务的高级官吏。

2 张君嗣：名裔，三国时人，曾得到诸葛亮的任用。诸葛亮北伐时，他作为留守的丞相长史北上汇报工作。回来后给他亲近的人写了这封信。

译解：

近来远道跋涉，每天不分白天黑夜地接见宾客，不得安静和休息。我深知，他们是敬重“丞相长史”这顶官帽，可我这个男子汉张裔却托付在长史的职位上，因而累得要死。

自古至今，有多少做官的人在或大或小的官帽下忘记了自己还是一个普普通通的人，甚至忘记了自己这个“我”之所在。张裔没有凭着这顶只是戴在自己头上的官帽而得意忘形，始终清醒地意识到自己是“男子张君嗣”，没有失去自我并且怜而惜之。

1 （西晋）陈寿：《三国志》（下），中华书局 2011 年版。

“我何在”[1]

一里尹管解一罪僧赴戍，晚宿旅店，尹嗜酒沉醉，酣睡不醒。僧潜取剃刀削其发，遂脱已缚羁尹项而逃。侵晨，尹酒醒，不见僧人。自摸其首，光油油已成不毛之物；视其项，系絫絫已作阶下之囚。乃抚首大诧曰：“僧故在是。而我何在焉？”

编者注：

1 里尹：古代最基层的主事者。
2 赴戍：前去边地充军。

译解：

从前一个里弄的主事人押着一个犯了罪的和尚到边地充军，晚上宿在旅店里。他嗜好喝酒，当晚喝得酩酊大醉，睡得死死的。和尚一见如此，就偷偷取出剃刀把押他的醉鬼剃成光头，还解开绑在自己身上的绳子把醉鬼给绑起来了。次日凌晨，醉鬼终于醒了，发现和尚不在了，摸摸自己的头，光光的没有一根头发，脖子已经被捆，俨然变成了一个犯人。他一边摸着自己的光头，一边惊异地说：“和尚仍旧在这里，而我在什么地方呢？”

这当然只是一则笑话，但人在现实生活里失去自我的现象却并不罕见。

---

1 （清）游戏主人、程世爵：《笑林广记二种》，齐鲁书社 1996 年版。

【诗歌】

爱复爱[1]

[圣卢西亚] 德瑞克 · 沃尔科特[2]

傅浩 译

有朝一日，
你会心情振奋，
欢迎自己来到
自己门前，进入自己的镜子，
彼此报以微笑，

说：坐这儿。吃吧。
你将再度爱上那曾是你自己的陌生人。
给酒。给面包。把你的心还给
它自己，还给那爱了你一辈子的

陌生人；你忽视了他，
而去注意别人；他深知你。

1 德瑞克·沃尔科特：《德瑞克·沃尔科特诗选》，傅浩译，河北教育出版社 2004 年版。
2 德瑞克·沃尔科特（1930— ），圣卢西亚诗人，1992 年诺贝尔文学奖得主。

从书架上取下情书、
照片、绝望的笔记来，
从镜子上剥下你自己的影像。
坐，饱餐你的生命吧！

1976年

自知

第二

【经典论述】

认识你自己。

——古希腊德尔斐神庙铭文

诸君啊，唯有神真有智慧。神的谶语是说，人的智慧渺小，不算什么；并不是说苏格拉底最有智慧，不过借我的名字，以我为例，提醒世人，仿佛是说："世人啊，你们之中，唯有如苏格拉底这样的人最有智慧，因他自知其智实在不算什么。"

——柏拉图[1]

1 ［古希腊］柏拉图：《游叙弗伦 苏格拉底的申辩 克力同》，严群译，商务印书馆1983年版，第57页。

【故事】

达不到目的的巫师[1]

[阿根廷]博尔赫斯[2]

王央乐 译

圣地亚哥城里有一位副主教，非常渴望学会魔法。他听说托莱多的堂伊列昂精通此道，而且无与伦比，就到托莱多来找他。

到达的当天上午，他就直接到了堂伊列昂的家里，发现那人正在屋子后面的房间里读书。堂伊列昂真诚地接待了副主教，叫他先不要说出来意，且等吃了饭以后。他把客人让进舒适的房间，说：副主教的来访，使他感到十分快乐。吃完饭之后，副主教对堂伊列昂说明了来意，请求他传授魔法。堂伊列昂说，他已经知道来客是一位副主教，一个有地位有前程的人，是来向他求教各种各样学问的，而且总有一天，副主教会忘记酬答他的效劳——这是那种高官厚禄的人经常干得出来的。副主教发誓说，他决不会忘记堂伊列昂的恩惠，随时会满足他的要求。他们达成了协议，堂伊列昂解释说，魔法只能在一个十分秘密的地方才学得会，因而就拉住副主教的手，把他带进另一个房间，里面的地板上有一个大铁环。然而，在这之前，他吩咐女仆准备松鸡做晚饭，不过，在他没有下命令前，

1 博尔赫斯：《博尔赫斯短篇小说集》，王央乐译，上海译文出版社 1983 年版。
2 博尔赫斯（1899—1986），阿根廷作家、诗人。

先不要烤。

堂伊列昂跟他的客人拉起铁环，沿着一道磨损的旋梯往下走去。两人下得那么深，以至副主教觉得好像塔霍河的河床准是到了他们的头顶上。旋梯脚下是一间斗室，里面满架书籍，还有一只柜子，装着魔法器械。他们正在翻阅这些书籍时，忽然出现了两个人，给副主教送来一封信。信是主教，就是副主教的叔父写来的，信里说，他得了重病，要是副主教还想见他一面，就不得延迟立刻回去。这个消息使副主教大为烦恼——一个理由是，因为叔父病了；另一个理由是，不得不中断学道。最后，他还是宁可留下，写了封道歉的信，带回给主教。

三天之后，来了好几个人，身穿丧服，又给副主教带来了信，告诉他说，主教已经去世，正要选择一个继任人，他们希望，凭着上帝的恩惠，副主教能够当选。信里劝告他说，他可以留在原地，选举时他不在场似乎更好一些。

十天过去了。两名穿着考究的侍从到来，跪在副主教脚前，吻他的手，祝贺他当选为主教。堂伊列昂看见这个情况，十分高兴地转身对着新任主教说，他感谢上帝让这样美好的消息竟然降临到他的家里。然后，他要求把现在副主教的空缺赏给他的儿子。主教答复说，他已经把副主教的空缺留给自己的兄弟了，不过他会给他儿子在教会里另外找个什么差使的。他邀请他们父子同他一起到圣地亚哥去。

他们到了圣地亚哥城，受到了隆重的接待。六个月过去了，有一天，教皇的使者来见主教，任命他为图卢兹的大主教，遗缺由他指定一个继任人。堂伊列昂知道了，提醒大主教原来的允诺，请求把空缺给他儿子。大主教告诉他说，这个空缺已经留给自己的叔父，就是他父亲的兄弟了，不过他既然已经答应报答堂伊列昂，他们父子应该跟他一起到图卢兹去。堂伊列昂没有别的办法，只好同意。

他们三人到了图卢兹，受到隆重的接待，还为此做了弥撒。两年过去了。教皇又派了使臣来见大主教，晋升他为红衣主教，随他自己指定一个遗缺的继任人。堂伊列昂听说了，便提醒红衣主教他原先答应的话，恳求把空缺给他儿子。红衣主教对他说，空缺已经留给自己的舅父，就是他母亲的兄弟——一个善良的长者了，不过要是堂伊列昂父子跟他一起到罗马去，肯定会有好机会可以碰到的。堂伊列昂提出抗议，但是最后还是不得不同意了。

于是他们三个到了罗马，受到隆重的接待，还做了弥撒，举行了游行。四年过去了。教皇去世。我们的红衣主教被所有其他红衣主教选举为教皇。堂伊列昂得知了这个消息，前去跪下吻了教皇陛下的脚，提醒他原来的许诺，要求把红衣主教的空缺给他儿子。教皇对堂伊列昂说，这种连续不断的请求，现在已经使他厌烦，如果堂伊列昂再这样强求下去，就要将其送进监狱，因为他知道得很清楚，堂伊列昂不过是一个巫师，曾经在托莱多教授魔法。

可怜的堂伊列昂无话可说，只好回答道，他要回西班牙去，要求教皇赏赐一点食物，供他在漫长的海程中吃。教皇又一次拒绝了他，于是堂伊列昂（他的脸变成了一种奇怪的模样）以毫不犹豫的声调说："既然如此，我就只得吃我吩咐留作晚饭的松鸡了。"

女仆走了进来，堂伊列昂命令赶快烤松鸡。教皇立刻发现自己仍然在托莱多的地下斗室里，仍然只不过是圣地亚哥的副主教。他羞愧得无地自容，不知说什么才好。堂伊列昂说，这样的考验已经足够；连松鸡也没有给副主教吃，就把他送出门口，以郑重其事的礼貌，祝他一路平安地回家。

选自胡安·马努埃尔所著《卢卡诺尔伯爵与帕特罗尼奥的劝世书》(1335 年);其底本为阿拉伯著作《十四个早晨和四十个夜晚》。

【诗歌】

从精神世界上我得到这一秘密[1]

[古波斯]奥玛·海亚姆[2]

鹤西 译

从精神世界上我得到这一秘密，
人啊，造物主把一切都集中于你；
是天使，是魔鬼，是人也是禽兽，
是呀，就看你在怎样表现自己！

1 奥玛·海亚姆：《鲁拜集》，鹤西译，世界图书出版公司2010年版，题目为编者所加。
2 奥玛·海亚姆（1048—1122），古代波斯诗人、哲学家。

自信

第三

【经典论述】

勇于自信故英绝，胜彼优孟俯仰为。

——龚自珍[1]

我们相信自己的力量，然而不夸耀；我们也尊重别人的力量，然而不畏惧。

——托马斯 · 杰斐逊[2]

1 （清）龚自珍：《己亥杂诗》之二十九，载刘逸生注：《龚自珍己亥杂诗注》，中华书局1999年版，第34页。

2 选自［美］托马斯·杰斐逊1793年6月30日致威廉·卡迈克尔、威廉·肖特的信，系编者据原文所译。

【故事】

卷心菜的诞生[1]

[尼加拉瓜] 鲁文 · 达里奥[2]

范晔 译

在地上的伊甸园，在百花受造的灿烂一日，夏娃被蛇诱惑之前，那邪恶的灵走近最美丽的一朵玫瑰，此时她正迎着阳光的爱抚，展露红艳纯真的嘴唇。

——你很美。

——我的确美。——玫瑰回答。

——美丽又幸福。——魔鬼说下去，——你拥有颜色、姿态和香气。不过……

——不过？

——你没有用。你没看见那些硕果累累的大树吗？它们不仅枝叶繁茂，还能为许多树下驻足的生灵提供食物。玫瑰啊，美丽是不够的……

于是玫瑰——像此后的女人一样受了诱惑——一心想要变得有用，鲜红中平添了一抹苍白。

次日拂晓，良善的上帝走过。

1 范晔主编：《镜中的孤独迷宫》，中国华侨出版社 2008 年版。
2 鲁文 • 达里奥（1867—1916），尼加拉瓜诗人。

——天父，——花中的公主问道，颤抖在她芬芳的美艳中——您能把我变得有用吗？

——如你所愿，我的孩子。——上帝回答，微笑着。

就这样，世界上有了第一棵卷心菜。

【诗歌】

心，我的心，你不要忧郁[1]

[德]海涅[2]

杨武能 译

心，我的心，你不要忧郁，
快接受命运的安排，
寒冬从你那儿夺走了一切，
新春将重新给你带来。

为你留下的如此之多，
世界仍然这般美丽！
一切一切，只要你喜欢，
我的心，你都可以去爱！

1 选自《海涅诗选》，杨武能译，时代文艺出版社2012年版。
2 海涅（1797—1856），德国诗人。

自省

第四

【经典论述】

为什么看见你弟兄眼中有刺，却不想自己眼中有梁木呢？

——《路加福音 7：42》

人世间，能领会到、预见到、认识到，并预言别人的不幸，没有什么稀奇，这是件平凡的事。可是，能预言、预见、认识、领会自己的不幸，那就太少了！伊索在他的《寓言》里说道，人生在世，每个人的脖子上都扛着一个褡子，前面装的是别人的过错和恶事，所以经常摆在自己眼前，看得清清楚楚；背后装的是自己的过错和恶事，所以从来看不见，也不理会，除去少数得天独厚的人可以做到。

——拉伯雷[1]

1 ［法］拉伯雷：《巨人传》，成钰亭译，上海译文出版社 1981 年版，第 496 页。

【故事】

我曾是党卫军[1]（节选）

［德］君特 · 格拉斯

魏育青　等译

编者按： 君特·格拉斯（1927—2015）是德国著名作家，出版有《铁皮鼓》等作品，1999年获诺贝尔文学奖，曾被誉为德国人的当代良心。他在声誉最隆的晚年出版的自传《剥洋葱》中，袒露了压在心头数十年的秘密往事：他17岁的时候，曾经参加德国纳粹的武装党卫军。本文题目系编者所加。

爱看电影的我迄今为止只在《每周新闻》中见过几个短暂的废墟镜头，废墟不得不充当背景，衬托那些写着顽固口号的横幅标语："我们决不低头！""我们的墙可碎，我们的心不碎！"或者诸如此类的无稽之谈。

不久之前，在市里托比斯影城的银幕上还能看到帝国宣传部长戈培尔活蹦乱跳的自我表演，他站在瓦砾堆前给那些被炸得无家可归的男男女女鼓劲打气，和被烟熏得乌黑的空防人员握手，抚摸着满脸苦笑的孩子。

在入伍通知出现在桌上前不久，我去看在托比斯影城当领座员

1　君特 · 格拉斯：《剥洋葱》，魏育青等译，译林出版社2008年版。

的表舅。多年来，我能观摩《在打谷场上洗澡》之类“少儿不宜”的影片全是托他的福。或许当时，在报道戈培尔和幸存者在废墟边上闲聊的《每周新闻》之后，我马上就能通过放映机旁的观察孔看到海因里希·格奥尔格主演的宣扬咬牙坚持的影片《科尔贝格》[1]？

后来，不知是谁在私下议论，一些在拍摄过程中穿着合时的服装与强大的拿破仑勇敢抗争的小伙子，次年被派去参加国民突击队[2]，成了没有龙套簇拥的科尔贝格。不过，这次他们真的陷入了俄国人和波兰人的包围。不少小伙子丢了性命，却没人用胶片记录下他们英勇捐躯的事迹。

火车站里，大家对视野之内的熊熊大火漠不关心。这里熙熙攘攘一切照常：你来我往地拥挤，咒骂，还有突如其来的哄堂大笑声。有人度完假要回前线，有人从前线来要去度假。德意志女青年团的丫头们向大家分发热饮料，被当兵的摸了一把也只是咯咯咯一笑了事。

是什么如此刺鼻？是屋顶只是微损而已的车站大厅里蒸汽机车哼哧哼哧喷出的烟雾，还是着火的地方飘来的焦味？

集合点，报名处，指挥部，无数指示牌让人眼花缭乱，不知所措。幸好有两名战地宪兵给我指路，他们胸口挂着带链子的金属身份牌，所以人称“铁链警犬”，警告大家小心。在火车站——究竟在柏林的哪个火车站呢？——的售票大厅里，我这个年龄的新兵排着队。等了没多久就有人把一张行军命令塞到我手里：下一站德累斯顿。

1　纳粹失败前用于鼓舞士气的影片，讲述保卫波莫瑞地区的城市科尔贝格的故事。

2　国民突击队建立于1944年9月，成员为十六岁至六十岁的还能打仗的男人，纳粹以此垂死挣扎。

我看见队伍里的小伙子们谈笑风生，大家心里充满了好奇，好像恩准我们去冒险似的，兴高采烈，轻松愉快。我听见自己在朗声大笑，也不知道在笑什么。行军给养发下来了，包括香烟，连我这个不吸烟的也有份。不过，我的香烟转眼被瓜分一空。作为交换，有个小伙子给了我一点通常过圣诞节时才有的东西：在可可糖浆中滚过的杏仁马铃薯。现实如此扑面而来，我以为自己是在梦中。

接着，空袭警报把我们赶到了火车站宽敞的地下大厅，这里被用作防空洞。转眼就有各式人等聚集在此：士兵、平民（包括不少孩子），还有躺在担架上或者拄着拐杖的伤员，人群中有一帮艺人，其中有不少侏儒，都还穿着戏服，他们是演出到一半时听到空袭警报跑到这儿来的。

外面，高射炮砰砰地开火，远方近处都有炸弹呼啸而下。尽管如此，他们的演出这会儿在地下大厅里继续进行：一个侏儒上场玩杂耍，圆锥、圆球、彩环在空中上下飞舞，我们看得目瞪口呆。还有几个侏儒表演杂技，其中有一位身材娇小的女士，她懂得如何风度优雅地扭曲身子把自己打成个结，同时分发飞吻，赢得无数掌声。这帮艺人是巡回演出的战地剧团，领头的矮老头在场上演小丑。他把从空的到装满水的玻璃杯一字排开，用手指抚摩杯壁，神奇地奏出凄美的音乐来。他上妆的脸上露出微笑，这画面你一辈子都忘不了。[1]

警报一解除，我立刻乘电车来到另一个火车站。在这儿，又看见住宅区里的窗口火光冲天，又看到整条整条的街道在昨夜的空袭中被炸得只剩下断垣残壁。远处的一间厂房烈焰翻腾，好像正在举

1　这些艺人后来出现在格拉斯的小说《铁皮鼓》中。

办灯火辉煌的盛宴。天刚拂晓，开往德累斯顿的火车准备就绪了。

去那儿的路上没啥可说。不谈行军干粮中的夹心面包，也没有什么超前或后续的思想可供解码。可以断言，因而也就可以怀疑的只有一点：我在这儿，在这座战火尚未波及的城市，确切地说是在新城附近，而且是在位于白鹿区的一户豪门的楼上，才知道自己将去哪支部队。给我的第二道行军命令上写得清清楚楚，叫我这个名字的新入伍者在党卫军的练兵场受训，成为坦克兵，练兵场在遥远的波西米亚森林中的某个地方……

问题是：我当时是否害怕了？即使在六十多年后的今天，我看见这些文字中的两个“S”[1]还是感到心惊肉跳，当时在征兵办公室里不可能不看见这些，我当时是否同样感到心惊肉跳？

洋葱皮上没有刻下任何可以解读为害怕甚至震惊的痕迹。与其说是害怕，不如说我当时把党卫军视为一支精锐部队。要堵截突破我方战线的敌军，要撕开德米扬斯克等地的包围圈，要重新夺回查尔科夫，都得由党卫军上去冲锋陷阵。军装领子上那两个古日耳曼字母“S”并不让我感到厌恶。对自以为已是堂堂大丈夫的男孩来说，关键的是加入哪个兵种。即便不能去特别报道中已很少提及的潜艇部队，那么也要去“约尔格·冯·弗伦茨贝格”[2]装甲师当坦克兵。我在白鹿区指挥部得知，这是一支新建的部队。

我知道弗伦茨贝格是谁：他是农民战争时期施瓦本联盟[3]的首领，人称“雇佣军之父”，以争取自由和解放而闻名。再说，党卫军也不无放眼欧洲的风范：在各个师团里协同作战的志愿兵中有法

1 党卫军的缩写。
2 亦名格奥尔格·冯·弗伦茨贝格，德国和奥地利贵族，军队统帅。
3 1488 年成立。

国人、瓦龙人，佛兰德人和荷兰人，还有不少挪威人、丹麦人，甚至还有中立的瑞典人，他们都在东部前线参加一场据说要在布尔什维克洪流滚滚而来时拯救欧洲的保卫战。

要找借口的话，唾手可得。然而几十年来，我始终拒绝承认自己和“党卫军”这个词，和那两个S字母有关。战后我心中始终羞愧难当，对少不更事时引以为豪的事情避而不谈，保持沉默。但是，负担依然还在，谁也无法减轻。

我接受坦克兵的训练，秋去冬来，麻木不仁。虽然在那年秋天和冬天，我没有听说过那些后来才曝光的战争罪行，但是自称当初无知并不能掩盖我的认识：我曾被纳入一个体制，而这个体制策划、组织、实施了对千百万人的屠杀。即使能以没动手干坏事为自己辩白，但还是留下了一点世人习惯称为“共同负责”的东西，至今挥之不去，在我有生之年肯定是难脱干系了。

【诗歌】

人生是一面镜子[1]

[德] 尼采[2]

周国平 译

人生是一面镜子，
我们梦寐以求的
第一件事情就是，
从中辨认出自己！！

1 尼采：《尼采诗集》，周国平译，作家出版社 2012 年版。
2 尼采（1844—1900），德国哲学家、诗人。

自胜

第五

【经典论述】

知人者智，自知者明。胜人者有力，自胜者强。

——老子[1]

一个人得到的首要的和最大的胜利就是战胜他自己。反之，可以想象得到，败在自己手里那是最坏和最糟糕的事情。这一说法指的是我们每个人身上自我反对的一种战争。

——柏拉图[2]

如果我们并不认识自己充满着高傲、野心、欲念、脆弱、可悲与不义，那么我们就的确是瞎子。但如果我们虽认识它却并不想要得救，那么我们又该说一个人……什么呢？

——帕斯卡尔[3]

1 选自《老子·第三十三章》。
2 [古希腊] 柏拉图：《法律篇》，张智仁、何勤华译，上海人民出版社2001年版，第4页。
3 [法] 帕斯卡尔：《帕斯卡尔思想录》，何兆武译，天津人民出版社2007年版，第190页。

【故事】

大风[1]

莫言

我家房后有一条弯弯曲曲的胶河，沿着高高的河堤向东北方向走七里左右路，就到了一片方圆数千亩的荒草甸子。每年夏天，爷爷都去那儿割草。离我们村二十里有军队一个马场，每年冬季都收购干青草喂马，价钱视草的质量而定。我爷爷的镰刀磨得快，割草技术高，割下来的草干净，不拖泥带水。晒草时摊得薄，翻得勤，干草都是新鲜的淡绿色，像植物标本一样。爷爷的干草向来卖最高的价钱。我至今还留恋在干草堆里打滚的乐趣——尤其是秋天，夜晚凉凉爽爽，天的颜色是墨绿，星星像宝石一样闪闪烁烁，松软的干草堆暖暖和和，干青草散发出沁人心脾的甜香味……

最早跟爷爷去荒草甸子割草，是刚过了七岁生日不久的一天。我们动身很早，河堤上没有行人。堤顶是一条灰白的小路，路的两边长满野草，行人的脚压迫得它们很瑟缩，但依然生气勃勃的。河上有雾，很重，但不均匀，一块白，一块灰，有时像炊烟，有时又像落下来的云朵。看不见河水，河水在雾下无声无息地流淌，间或有泼剌的响声，也许是鱼儿跃出水面吧。爷爷和我都不说话。爷爷的步子轻悄悄的，走得不紧不慢，听不到脚步声。小车轮子沙沙地

1 叶开主编：《这才是中国最好的语文书（综合分册）》，江苏文艺出版社 2014 年版。

响。有时候，车上没收拾干净的一根草梗会落在辐条之间，草梗轻轻地拨弄着车辐条，发出很细微的“膀膀膀膀，叮叮叮叮”的响声。我有时把脸朝着前方（爷爷用小车推着我），看着河堤两边的景致。高粱田、玉米田、谷子田。雾淡了些，仍然高高低低地缠绕着田野和田野里的庄稼。丝线流苏般的玉米缨儿，刀剑般的玉米叶儿，刚秀出的高粱穗儿，很结实的谷子尾巴，都在雾中时隐时现。很远，很近。清楚又模糊。河堤上的绿草叶儿上挂着亮晶晶的露水珠儿，微微颤抖着，对我打着招呼。车子过去，露珠便落下来，河堤上留下很明显的痕迹，草的颜色也加深了。

雾越来越淡薄。河水露出了脸儿，是银白色的，仿佛不流动。灰蓝的天空也慢慢地明亮起来，东方渐渐发红，云彩边儿是粉红色的。太阳从挂满露珠的田野边缘升起来，一点一点的。先是血一样红，没有光线，不耀眼。云彩也红得像鸡冠子。

天变得像水一样，无色，透明。后来太阳一下子弹出来，还是没有光线，也不耀眼，很大的椭圆形。这时候能看到它很快地往上爬，爬着爬着，像拉了一下开关似的，万道红光突然射出来，照亮了天，照亮了地，天地间顿时十分辉煌，草叶上的露珠像珍珠一样闪烁着。河面上躺着一根金色的光柱，一个拉长了的太阳。我们走到哪儿，光柱就退到哪儿。田野里还是很寂静，爷爷漫不经心地哼起歌子来：

一匹马踏破了铁甲连环

一杆枪杀败了天下好汉

曲调很古老。节拍很缓慢。歌声悲壮苍凉。坦荡荡的旷野上缓慢地爬行着爷爷的歌声，空气因歌声而起伏，没散尽的雾也在动。

一碗酒消解了三代冤情
一文钱难住了盖世英雄

从爷爷唱出第一个音节时，我就把头拧回来，面对着爷爷，双眼紧盯着他。他的头秃了，秃顶的地方又光滑又亮，连一丝皱纹也没有。瘦得没有腮的脸是木木的，没有表情。眼睛是茫然的，但茫然的眼睛中间还有两个很亮的光点，我紧盯着这两个光点，似乎感到温暖。我想，他大概把我、把他自己、把车子、把这还没苏醒的田野全忘却了吧？他的走路、推车、歌唱都与他无关吧？我听到了自己的心跳声，“咚咚咚咚”，像很远很远的树上有一只啄木鸟在凿树洞……

一声笑颠倒了满朝文武
一句话失去了半壁江山

爷爷唱的是什么，我不知道。但我从爷爷的歌唱中感受到一种很新奇很惶惑的情绪，很幸福又很痛苦。我感到陡然间长大了不少，童年时代像是消逝在这条灰白的镶着野草的河堤上。爷爷用他的手臂推着我的肉体，用他的歌声推着我的灵魂，一直向前走。

“爷爷，你唱的什么？”我捕捉着爷爷唱出的最后一个尾音，一直等到它变成一种感觉消逝在茵茵绿草叶梢上时，才迷惘地问。

“瞎唱呗，谁知道它是什么……”爷爷说。

夜宿的鸟儿从草丛中飞起来，在半空中嘹亮地叫着。田野顷刻变得生气勃勃。十几只百灵在草甸子上空盘旋着鸣啭。秃尾巴鹌鹑在草丛中“哞——哞——”地鸣叫着。爷爷停下车子，说:“下来吧。”

“到了吗？爷爷？”

“噢。”

爷爷把车子推到草地上，竖起来，脱下褂子蒙在车轱辘上，带着我向草甸子深处走去，爷爷带着我去找老茅草，老茅草含水少，干得快，牲口也爱吃。爷爷提着一把大镰刀，我提着一柄小镰刀，在一片茅草前蹲下来。“看我怎么割。”爷爷示范给我看。他并不认真教我，比画了几下子就低头割他的草去了。他割草的姿势很美，动作富有节奏。我试着割了几下，很累，厌烦了，扔下镰刀，追鸟捉蚂蚱去了。草甸子里蚂蚱很多，我割草没成绩，捉蚂蚱却很有成绩。中午，爷爷点起一把火，把干粮烤了烤，又烧熟了我捉的蚂蚱，蚂蚱满肚子籽儿，好香。

迷蒙中感到爷爷在推我，睁眼爬起来一看，已是半下午了。吃过蚂蚱后，爷爷支起一个凉棚让我钻进去，我睡了一大觉，草甸子里夹杂着野花香气的热风吹得我满身是汗。爷爷已经把草捆成四大捆，全背到河堤上，小车也推上了河堤。

“星儿，快起来，天不好，得快点儿回。”爷爷对我说。

不知何时——在我睡梦中茶色的天上布满了大块的黑云，太阳已挂到西半边，光线是橘红色，很短，好像射不到草甸子就没劲了。

“要下雨吗？爷爷。”

“灰云主雨，黑云主风。”

我帮着爷爷把草装上车，小车像座小山包一样。爷爷在车前横木上拴上一根绳子，说：“小驹，该抻抻你的懒筋了，拉车。”

爷爷弯腰上袢，把车子扶起来。我抻紧了拉绳，小车晃晃悠悠地前进了。河堤很高，坡也陡，我有点头晕。

“爷爷，您可要推好，别轱辘到河里去。”

“使劲儿拉吧，爷爷推了一辈子车，还没有翻过一回呢。”

我相信爷爷说的是实话。爷爷的腿好，村子里的人都叫他“蹦蹦”。

大堤弯弯曲曲，像条大蛇躺在地上，我们踩着蛇背走。绿色的光线照耀着我，我低头看着自己的膝盖，也可以看到自己的肚脐。我偶尔回过头，从草捆缝隙里望望爷爷。爷爷眼泪汪汪地盯着我，我赶紧回头，下死劲拉车。

走出里把路，黑云把太阳完全遮住了。天地之间没有了界限，一切都不发声，各种鸟儿贴着草梢飞，但不敢叫唤。我突然感到一种莫名的恐惧，回头看爷爷，爷爷的脸，还是木木的，一点表情也没有。

河堤下的庄稼叶子忽然动起来了，但没有声音。河里也有平滑的波浪涌起，同样没有声音。很高很远的地方似乎传来了世上没有的声音，跟着这声音而来的是天地之间变成紫色，还有扑鼻的干草气息、野蒿子的苦味和野菊花幽幽的香气。

我回头看爷爷，爷爷还是木木的，一点表情也没有。

我的小心儿缩得很紧，不敢说话，静静地等待着。一只长长的蚂蚱蹦到我的肚皮上，两只五色的复眼仇视地瞪着我。一只拳头大的野兔在堤下的谷子地里出没着。

“爷爷！”我惊叫一声。

在我们的前方，出现了一个黑色的、顶天立地的圆柱，圆柱飞速旋转着，向我们逼过来。紧接着传来沉闷如雷鸣的呼噜声。

“爷爷，那是什么？”

“风。”爷爷淡淡地说，“使劲拉车吧，孩子。”说着，他弯下了腰。

我身体前倾，双脚蹬地，把细绳拽得紧紧的。

我们钻进了风里。我听不到什么声音，只感到有两个大巴掌在使劲扇着耳门子，鼓膜嗡嗡地响。风托着我的肚子，像要把我扔出去。堤下的庄稼像接到命令的士兵，一齐倒伏下去。河里的水飞起来，红翅膀的鲤鱼像一道道闪电在空中飘。

“爷爷——”我拼命地喊着。喊出的声音连我自己都没听到。肩头的绳子还是紧紧地绷着，这使我意识到爷爷的存在。爷爷在，我就不怕，我把身体尽量伏下去，一只胳膊低下去，连接着胳膊的手死死抓住路边草墩。我觉得自己没有体重，只要一松手，就会化成风消失掉。

爷爷让我拉车，本来是象征性的事儿。那根拉车绳很细，它一下子崩断了。我扑倒在堤上。风把我推得翻斤斗。翻到河堤半腰上，我伸出双手抓住草墩，把自己固定住了。我抬起头看爷爷和车子。车子还挺在河堤上，车子后边是爷爷。爷爷双手攥着车把，脊背绷得像一张弓。他的双腿像钉子一样钉在堤上，腿上的肌肉像树根一样条条棱棱地凸起来。风把车上半干不湿的茅草揪出来，扬起来，小车在哆嗦。

我揪着野草向着爷爷跟前爬。我看到爷爷的双腿开始颤抖了，汗水从他背上流下来。

“爷爷，把车子扔掉吧！”我趴在地上喊。

爷爷倒退了一步，小车猛然往后一冲，他的脚忙乱起来，连连倒退着。

“爷爷！”我惊叫着，急忙向前爬。小车倒推着爷爷从我面前滑过去。我灵机一动，耸身扑到小车上。借着这股劲，爷爷又把腰煞下去，双腿又像生了根似的定住了。我趴在车梁上，激动地望着爷爷。爷爷的脸还是木木的，一点表情也没有。

刮过去的是大风。风过后，天地间静了一小会儿。夕阳不动声色地露出来，河里通红通红，像流动着冷冷的铁水。庄稼慢慢地直腰。爷爷像一尊青铜塑像一样保持着用力的姿势。

我从车上跳下来，高呼着："爷爷，风过去了。"

爷爷眼里突然盈出了泪水。他慢慢地放下车子，费劲地直起腰。我看到他的手指都蜷曲着不能伸直了。

"爷爷，你累了吧？"

"不累，孩子。"

"这风真大。"

"唔。"

风把我们车上的草全卷走了，不，还有一棵草夹在车梁的榫缝里。我把那棵草举着给爷爷看，一根普通的老茅草，也不知是红色还是绿色。

"爷爷，就剩下一棵草了。"我有点懊丧地说。

"天黑了，走吧。"爷爷说着，弯腰推起了小车。

我举着那棵草，跟着爷爷走了一会儿，就把它随手扔在堤下淡黄色的暮色中了。

【诗歌】

我在我自己心中蛇一样藏躲[1]

[俄]曼德尔施塔姆[2]

智量 译

我在我自己心中蛇一样藏躲，
我在我自己身上藤一样缠裹，
我飞出我自己，青云直上，——

我寻求我自己，飞向我自己，
我用两扇黑色的翅膀拍击，
我展翅飞翔在大海汪洋……

于是，我像只吓坏了的秃雕，
飞回来，再也找不到自己的巢，
它已被人捣毁，抛入深渊，——

1 曼德尔施塔姆：《贝壳》，智量译，花城出版社 2012 年版。
2 曼德尔施塔姆（1891—1938），俄国诗人。

我沐浴着闪电的火焰，
一边在把惊雷呼唤，
随即消失在凛冽的云端。

1911 年

良知

第六

【经典论述】

恻隐之心，仁之端也；羞恶之心，义之端也；辞让之心，礼之端也；是非之心，智之端也。

——孟子[1]

与人的爱的天性相对的是怯懦，然而怯懦恰恰会助长别人对自己的控制，人的良知和在良心规则之下的爱与交流是逐步减少怯懦的重要途径。

——雅斯贝尔斯[2]

1 选自《孟子·公孙丑上》。

2 ［德］雅斯贝尔斯：《什么是教育》，邹进译，生活·读书·新知三联书店1991年版，第6页。

【故 事】

小偷卢卡[1]

[意大利] 马西莫·邦滕佩利[2]
蔡蓉 译

一个布满阴云的夜晚，一轮明月从云彩后面露出了四分之一的脸儿，少许的几颗星星在夜空闪烁着。对小偷卢卡来说，这样的天时已足以帮助他从天窗钻进一户人家，把上好的财物劫掠一空了。

现在，他提着塞满了赃物的沉甸甸的袋子，美滋滋地钻出天窗。约有片刻的工夫，他抬起头来，放眼眺望乌云浮动的夜空，然后，缓缓地环视着四周的屋顶。在这广大而空旷的世界，万籁俱寂，除了他卢卡站在接近天空的屋顶上，四周见不到一个人影儿。

他觉得腰部有点儿疲劳，但心里却舒爽坦然，因为没有什么事情能够再让他胆战心惊的了。他把袋子稳稳地扛上肩膀，一屁股坐在瓦片上，一只胳膊肘儿支靠着天窗的墙壁，就这样休息了足足五分钟的光景。

他的同伙中还没有一个人曾经窃得如此贵重的物品。

天窗开在从屋檐到屋脊的屋顶中间，斜面很宽阔。从天窗里往外钻出来的时候，卢卡仰起头来，只见天空变成了一条狭长的垂直

1　选自《外国短篇小说百年精华》（上），人民文学出版社 2004 年版。
2　马西莫·邦滕佩利（1878—1960），意大利小说家、剧作家。

线；探身朝前俯视，周围是望不到尽头的坡面，一直伸向大楼的另一端，被突出屋脊的一只烟囱隔绝了；坡面朝下延伸，跟装饰精雅的飞檐连在一起了。

瞧见屋顶，他禁不住轻松地舒了一口气。他在屋顶上行走，犹如一只猫儿那样轻捷灵巧，简直如履平地，现在，他似乎觉得耳边响起了他的同伙们（盗窃刺绣、丝绸、金银器皿的能手）惊羡不已的赞叹声，他甚至恍若听到了头头对他的夸奖。

小偷卢卡压根儿用不着手表，便能极其精确地计算时间。五分钟过去了，卢卡把支靠在天窗墙壁上的胳膊伸回来，攥紧袋子的皮带，一只手支撑在地上，想猛地一使劲，让自己站立起来。这时，他向屋脊扫了一眼，不禁倒吸了一口冷气，顿时惊呆了。

屋脊后面伸出了一个肥大、黝黑的脑袋，两道熠熠闪亮的目光，透过黑暗，直向他射来。蓦地，那汉子一跃而起，站立在屋顶上，伸出手来，枪口对准卢卡，一声命令在寂静的夜空回荡：

"举起手！"

小偷卢卡战战兢兢地举起了双手。

"站住，不许动！"汉子又加了一句。

那人没有大声吆喝，但他的声音好像一声惊雷撕破夜空，在卢卡的耳边轰鸣，他觉得心在胸腔里七上八下地跳动，仿佛要碎裂似的，他恨不得放下一只手来，去按住剧跳的心，让它平静下来。他认出了这个汉子，此人是城里最精干和铁面无情的警察之一。

约摸有十秒钟的光景，他们面对面地互相瞅着。警察瞪大眼睛盯视着卢卡，卢卡跪在地上，抬头凝望警察，他的两只举起的胳膊不时滑落下来，但他很快地用力把胳膊重新举起来。

在这短短的十秒钟里，卢卡的眼前飞快地掠过一连串想象的画面：警察令人毛骨悚然的双手落到他的肩上，袋子中的赃物，手铐，然后，获悉这一切的同伙们和头头……在栗栗恐惧的一瞬间，所有这些画面都模糊地搅和在一起了。

警察站稳身子，朝着屋顶的顶端走去。

他朝前走了几步，处于惶恐状态中的小偷卢卡忽然瞥见，警察的双脚在瓦片上摇摇晃晃，兴许是由于这个原因，他赶紧止住了脚步，把两条又粗又短的腿叉开，支撑住身子。他仍然用手枪对准卢卡，说道：

“注意听着，你站起来，举起手，朝前走；如果你放下手来，或者掉转方向的话，我马上就开枪。快点，卢卡先生！”

警察这么命令的时候，小偷卢卡确实敏捷地思考了逃跑的可能性：朝右边装饰精雅的飞檐跳下去，但是子弹会追上他的；钻回到天窗里去，无疑是跳入陷阱。他只能乖乖地听从警察的命令。

卢卡不用手臂的帮助就站立起来。然后，他故意慢慢吞吞地——这是出于职业性的伪装本能，不让警察觉察他动作的敏捷，并尽可能地让那双威胁他的手落到他肩上的时刻来得晚些——朝着瞄准他的枪口摇摇晃晃地走去。他的双手颤抖着。

“快一点儿！”警察冷笑地说，“袋子太沉了，是吗？快点儿。”

卢卡本来想回答来着，但只是勉强迸出了几个有气无力的音节，他这才发觉，他一句话也未说出来。他在瓦片接头的地方故意装作失足绊了一下。

“过来，卢卡先生，你干得蛮不错，看来该打发你去睡觉了。不然的话……啊，上帝！……”

卢卡的心立即惊喜交集地狂跳起来，因为警察由于一只脚跟没有站稳，身子摇晃了一下，径直从瓦房上滑溜下去。卢卡随即瞧见一个肥胖的身躯在屋顶的斜面上朝下滚动。于是他急忙拔脚朝屋脊奔跑。

警察惊慌失措，用左手狠命抓住一块瓦片，不料这瓦片吃不住他的劲，也随着他向下滑溜，他直觉得十指连心的一阵疼痛，禁不住发出一声绝望的喊叫。他想用另一只扔下了手枪的手来攥住屋顶上的什么东西，但无济于事，他的身子继续朝下滚动，脑袋砰的一声撞在屋顶的烟囱上，但滚动没有停止。

小偷卢卡奔到屋脊，转过身来，只见警察已滚到坡面的边缘，身子随即在空中消失了。

卢卡心中蓦然一喜，不禁心花怒放。他目迷神眩地注视着他的冤家对头消失的地方。他这样细细地凝望着，以至终于发现，警察并没有完全掉下去，他正发狂似地用两只手紧紧攥住飞檐的边缘。

卢卡在屋脊上坐下，盯着这两只粗大、黝黑、越来越剧烈地痉挛的手。他等待着，希望看到这双手的消失，然后才扬长而去。然而，这种幸灾乐祸的狂喜仅仅持续了一分钟的光景，现在已平静了下来。卢卡从容不迫地坐在那里，胸脯和脑袋略略向前探伸，就像置身于剧院里，观看舞台上的演出，剧情已达到令人不安的高潮时一样。他想象着警察的身躯悬吊在飞檐下的情景，不多一会儿，他的冤家对头的身子就要掉到石板砌的路面上，跌个粉身碎骨。他竖起耳朵，期待听到那庞然大物即将坠地的声响。

警察的一只手已经吃不住了，不由得松开了原先死死攥住的屋檐，整个人的重量和抽搐立即都集中到另一只手上，竭力挣扎着；不一会儿，松开的那只手又重新攀住屋檐，另一只手却又松开了。警察在空中摇晃飘荡。

蓦地，一种不可捉摸的感觉颤过卢卡的心头。这种感觉跟他开头那种幸灾乐祸的狂喜迥然不同。他紧紧地闭上双眼，尔后又很快地张开，他听到下面急促的喘息声，看来是用那两只手拼命挣扎时发出的。小偷卢卡自己也不知道是怎么回事，他不由自主地霍然立起身子，刷地把袋子从肩膀上卸下来，放在房瓦上；他又一次闭上眼睛，但又马上睁开，用手抚摸了一下前额，他不知道是什么缘故，也不明白自己正在干什么，便径直朝着那个方向跑去。他跑到屋檐跟前，立即扑倒，肚皮紧紧贴着房瓦，伸出一只铁一般坚实的手臂，勾住烟囱壁的棱角，向前探出身子，伸出另一只手臂，喊道：

“拉住！”

卢卡紧紧攥着正在挣扎中的警察伸过来的一只手。他感觉到那只手也紧紧握住他的手，他使出浑身力量往上拉，仿佛渔翁拉起沉甸甸的渔网一样。他瞧见了警察的脑袋、肩膀；他继续往上拽，警察顺着他的劲儿，终于露出了整个身子；卢卡给了他最后一把劲，然后帮助他在靠近屋顶角落的房瓦上坐下。

两个人默不作声，周围愈发显出夜的沉静。警察凝视着下面的深渊，当然他什么也看不见。小偷卢卡瞧着他的脊背，却又怯怯地不敢瞧他。现在卢卡真想离开这里，但他又木然不能动弹，似乎在等待什么，但他又不知道等待什么和为什么要等待。

终于，警察嗫嗫嚅嚅地说了什么，但没有把脑袋朝卢卡扭过来。

卢卡没有听明白，问道：

“你说什么？”

他仍然耷拉着脑袋，重复说：

“真冷。”

卢卡感到不大自在。警察把脑袋埋在两只手掌当中，开始呜呜咽咽地啜泣起来。

小偷卢卡在口袋里窸窸窣窣地摸索了一阵子，找出火柴和香烟；他点燃了一支烟，递给警察，说道：

“你抽吧。”

警察转过身来，卢卡瞧见，成串的眼泪从他的脸颊上淌下来，便重复了一声：

“你抽吧。”

他向前探出身子，把香烟夹在警察的两片嘴唇中间。

烟卷在警察的嘴里颤动。过了片刻，警察才结结巴巴地说：

“谢谢。”

烟卷从他的嘴唇中掉下来，滚到烟囱旁边。小偷卢卡敏捷地捡了起来，耸了耸肩膀，把香烟放在自己嘴里吸起来。他正抽着烟，警察却又双手捂住脸，重新扭过脑袋去。

卢卡站立起来，转过身去，不再理会他。他登上屋脊，那里放着他的袋子。他把袋子扛在肩上，不慌不忙地从屋顶的另一面斜坡走下去，然后顺着檐槽滑至地面。

月亮隐没了，天空中没有一丝云彩。小偷卢卡骄傲地想象着同伙们由于他窃得的赃物而啧啧赞叹的声音和头头对他的夸奖。在离开屋顶和抱住檐槽以前，他再次抬头望了望天空。卢卡黑夜行窃兴许已经上百次了，然而他从来不曾发现过，天空中竟有那么多灿烂的星星。

【诗歌】

在街垒上……[1]（节选）

[法] 雨果[2]

闻家驷 译

在街垒上[3]，在污浊的血和清白的血
在那儿混合着流在一起的街心，
一个十二岁的孩子和成年人们一同就擒。
“你跟他们是一伙的？”孩子回答：“我们是伙伴。”
“好，”军官说。“你该枪毙了。一会儿
就轮到你。”孩子看见前面火光一闪，
就在墙根前倒了下来，他那些伙伴。
他向军官说：“你可允许我把这块表
送回家交给我的母亲？”
“你想溜了？”“我要回来的。”“这流氓
有点怕了！你住在哪儿？”“就在喷水池那边。
我立刻回来，队长先生。”“滚你的，坏蛋！”

1 闻家驷编：《雨果诗歌精选》，北岳文艺出版社 1993 年版。
2 雨果（1802—1885），法国作家、诗人。
3 指巴黎公社时期的街垒战斗。

孩子一溜烟似的走了。“这也算骗局，滑稽！”
这时士兵们和他们的军官同声一笑，
而这笑声和那断气声混合不分。
但笑声忽然中断，因为那个面色苍白的孩子，
出其不意地又出现了，他像维亚拉[1]一样慷慨，
走过来就往墙跟前一站，说道：“我回来了，你看。”

于是死神感到羞愧，军官也发了善心。

孩子，我真不知道，在这暴风雨来临的时代，
一切都被混合起来，不管好人和坏人，英雄和盗匪，
而你，究竟为啥也卷入这场战斗，可是我得承认：
弱小的心灵，你真不愧为英雄好汉。
善良而勇敢，你在危险的边缘上向前跨进了
两步，一步走向母亲，一步走向死神。
孩子胸怀坦白，成年人心有内疚，
这责任原不需要你来承当；
然而孩子真是英勇豪迈，他宁愿把逃亡、
生命、春光、游戏和朝阳都抛弃掉，
坚定地走向朋友们在那儿就义的黑墙。
光荣吻着你的前额，而你却是这么年轻！

1871年6月，巴黎

1　维亚拉，法国大革命时期一个十三岁的儿童，为了阻止保王党人渡过迪朗斯河，他毫无畏惧地割断了大渡船的缆索，结果自己也牺牲了。

仁义

第七

【经典论述】

樊迟问仁，子曰:“爱人。”问知，子曰:“知人。”

——孔子[1]

夫仁者，己欲立而立人，己欲达而达人。

——孔子[2]

子曰:“饭疏食饮水，曲肱而枕之，乐亦在其中矣。不义而富且贵，于我如浮云。”

——孔子[3]

1 选自《论语·颜渊》。
2 选自《论语·雍也》。
3 选自《论语·述而》。

【故事】

临终前给姻兄的信[1]（节选）

傅雷

人秀：

因为你是梅馥的胞兄，因为我们别无至亲骨肉，善后事只能委托你了。如你以立场关系不便接受，则请向上级或法院请示后再行处理。

委托数事如下：

一、代付九月份房租 55.29 元（附现款）。

二、武康大楼（淮海路底）606 室沈仲章托代修奥米茄自动男手表一只，请交还。

三、故老母余剩遗款，由人秀处理。

四、旧挂表（钢）一只，旧小女表一只，赠保姆周菊娣。

五、六百元存单一纸给周菊娣，作过渡时期生活费。她是劳动人民，一生孤苦，我们不愿她无故受累。

六、姑母傅仪寄存我们家存单一纸六百元，请交还。

七、姑母傅仪寄存之联义山庄墓地收据一纸，此次经过红卫兵搜查后遍觅不得，很抱歉。

八、姑母傅仪寄存我们家之饰物，与我们自有的同时被红卫

1 傅雷：《傅雷文集·书信卷》，安徽文艺出版社 1998 年版。

兵取去没收，只能以存单三纸（共 370 元）又小额储蓄三张，作为赔偿。

九、三姐朱纯寄存我们家之饰物，亦被一并充公，请代道歉。她寄存衣箱贰只（三楼）暂时被封，瓷器木箱壹只，将来待公家启封后由你代领。尚有家具数件，问周菊娣便知。

十、旧自用奥米茄自动男手表一只，又旧男手表一只，本拟给敏儿[1]与某某，但恐妨碍他们的政治立场，故请人秀自由处理。

十一、现钞 53.30 元，作为我们火葬费。

十二、楼上宋家借用之家具，由陈叔陶按单收回。

十三、自有家具，由你处理。图书字画听候公家决定。

使你为我们受累，实在不安，但也别无他人可托，谅之谅之！

傅雷　梅馥

一九六六年九月二日夜

1　敏儿，指傅雷次子傅敏。

【诗歌】

没有人是与世隔绝的孤岛[1]（节选）

[英]约翰·多恩[2]

林和生 译

没有人是与世隔绝的孤岛，
每个人都是大地的一部分；
如果海流冲走一团泥土，
大陆就失去了一块，
如同失去一个海岬，
如同朋友或自己失去家园；
任何人的死都让我受损，
因为我与人类息息相关；
因此，别去打听钟声为谁鸣响，
它为你鸣响。

1 约翰·多恩：《丧钟为谁而鸣：生死边缘的沉思录》，林和生译，新星出版社2009年版。
2 约翰·多恩（1572—1631），英国诗人。题目为编者所加，亦据流行英文版本做了分行处理。

尊严

第八

【经典论述】

人必自侮，而后人侮之；家必自毁，而后人毁之；国必自伐，而后人伐之。

——孟子[1]

我们要心怀怜悯，但不能乞求怜悯。

——丘吉尔[2]

1 选自《孟子·离娄上》。

2 [英] 丘吉尔：《无名英雄的战争》。此文为丘吉尔1940年7月14日在伦敦BBC广播的讲话，编者译。

【故事】

培尔哈德·利菲斯[1]

[芬兰] 阿伊诺·卡拉斯[2]
任元华 译

这是波罗的海省联合讨伐队的一个青年军官讲述的故事——

我们率领六十名水兵开进了爱沙尼亚沿海一个小镇。我们去的那个村庄是暴动闹得最凶的地方，几乎所有的庄园都成了废墟，因此我们采取了一切可能严厉的报复措施。说实在的，到后来，不论水兵还是军官，更不用说我，一见到血，心里便感到厌烦，时间越久，越加反感，除非酒喝多了，那就另当别论了。

我们事先谁也没有跟谁商量，也没有交换过意见，却不约而同地一致赞同，以后对暴动分子必须通过法庭进行从宽处理。所以做出这个决定，是因为在这个小镇上，除了一个庄园，其他所有的庄园全被烧成灰烬，而那唯一幸存的庄园也曾被外来的暴动分子包围过，至于其他轻微的不法行为，如封闭酒馆、长工举行罢工、威胁强迫庄园主签订新的劳资合同、举行暴动集会、发表演讲等等，简直数不胜数。我们逮捕和审讯了十多个人，可主犯——暴动的煽动者和集会的主持人，已逃之夭夭，只抓住一个率领长工和庄园主进

1 选自《芬兰现代小说集》，任元华译，人民文学出版社 2010 年版。
2 阿伊诺·卡拉斯（1878—1956），芬兰女作家。

行谈判的自由农民。他不顾别人的劝告而留在家中，水兵就是从那里把他带到军事法庭的，他的名字叫培尔哈德·利菲斯。

我们事先曾同两个贵族以及镇上的牧师一起商量，如何惩处这些人。大家都赞成从轻发落，唯独男爵——长工代表曾找过他的麻烦——坚决要求判处培尔哈德·利菲斯死刑，以儆效尤。实际上，他同这个人素有宿怨。我听说，培尔哈德·利菲斯曾向法院告过男爵，要求法院丈量他家被男爵侵占的三叶草地。我们同他反复协商，最后他只同意改为两百鞭刑。这是我们在那个小镇采取的最重的处分。

我们下令将自由民培尔哈德·利菲斯带进法庭。他是个身材高大、魁梧的农民，四方大脸，颧骨略高，满面络腮胡子，有一双聪颖、能给人启迪的蔚蓝色眼睛，目光冷漠，脸上蒙着一层阴霾，但没有畏惧，也没有奢望，神情不卑不亢，在他身上找不到一丝因漫长的奴隶生活所形成的习性；相反，他身上有一股不可抗拒的慑人魅力。他那宽阔的双肩，好像天生就肩负重任的。他是这样一个农民，其子女一般将成为第一代有文化教养的人。

如上所述，对他的处分事先已商定，对他的审讯只是装装样子而已。

“你号召长工罢工了吗？”

“是的。”

“那你为什么要这样做呢？”

“因为他们无法生活。”

“你召集长工开会并起草了新的合同，是不是？”

“是的。”

“那么，为什么这些事都由你出头领着干呢？”

“因为我幸运地读过两年书，我认为帮助那些没有读过书的人，是我自己的责任。”

“你在庄园里说过没有：假如你们现在不签字，一星期后你们就后悔莫及了？”

“没有，我从来没说过恫吓别人的话。”

“你有没有在市政厅撕毁圣像？”

“没有，我从没干过这种事！”

他对一切回答得干脆利落，显得无所谓的样子，没有一丝侥幸心理，似乎他已料到审判只是走走形式而已，他那阴郁而闪烁着智慧光芒的眼睛，对我们一眼也不瞧。

我们听取了证人的证词，他们异口同声地证明培尔哈德·利菲斯是个好人。他通过自赎成为自由农民，并偿还了大部分债务。这在爱沙尼亚是罕见的。他在镇上还担任过各种民意代表，深沉克制，聪明能干。

我的责任是向他宣读判决书。他重新被带了进来，站立在我的面前，身上穿着一件羊皮袄，纽扣敞开着。我第一次见到他将视线落在我身上。尽管我的眼睛始终没有离开手中的文件，但我感觉得到他那审视、聪颖的目光。我心想他大概不懂俄语，于是先用俄语将判决书念了一遍，接着又直接翻译成爱沙尼亚语，因为我出生在纳尔瓦，会讲一些爱沙尼亚话。

当我念到责打“两百鞭”的时候，耳中传来他牙齿咯咯作响的声音。我瞥了他一眼，他脸色苍白，充满激愤，平时的深沉和克制都不见了，但他一声未吭。

我命令将他带走，只见他出门时，又像发疟疾似的抽搐着。

罪行较轻的犯人先发落，我没有到刑场去，因为我的神经已经错乱了，唯一的希望是尽快结束这一切。

正当我一个人留在屋里收拾文件的时候，房门突然推开了。培尔哈德·利菲斯闯了进来，身后紧跟着两名水兵。我不由得大吃一惊，伸手拿起上了膛的左轮手枪。

他的样子可怕极了，帽子不见了，衣服撕破了好几个口子。仿佛刚进行了一场白刃战，脸上被刺刀划破的伤口淌着鲜血。某种农民文化熏陶出来的坚强的自我克制力，彻底消失了。他仿佛倒退了几十代，恢复了部族的好斗本性，然而并未失去他的身份和尊严，依然保持着他那领袖的特征。他站在那里，使人想起他俨然像个异教部落的首领。我在宣布判决时从他眼中见到的激愤已荡然无存，现在的他目光呆滞，神情像冰一样冷漠。

“你想干什么？”我问道。

“我不能任人鞭打！”他以威胁而镇定的口气说。

“你已经被判决了。”我说。

“尽管如此，这个判决对我不合适……我不是奴隶，怎么可以用鞭子抽打我呢？！”

“你差点被判处死刑，知道吗？！”我说道。

他听了一怔，默不作声地望着我。

“你得感谢长官的宽宏大量，打两百鞭就完事啦！”接着我对他说，“你可以走啦！”

我命令水兵把他拽走，可是他一个劲儿挣扎。

“你还要干什么？！”我再也控制不住自己，大声喝道。

“不许鞭打我！”他重复地喊叫道。

“小伙子，你好好想一想！”我严肃地对他说，“我们可以枪毙你！”

“假如你们没有别的本事，就枪毙我吧！”

我向长官做了报告。我心想，一条人命连个戈比[1]都不值，一股无名的空虚和惆怅扰乱着我的思绪。我极力遏制自己，迫使自己执行既定的、一贯的行动方针。然而，我感到浑身无力——我们有什么办法？我们彼此都无能为力。我真想大胆建议，干脆把他放了，但我知道，这样，我们将在人民中丧失一切价值，是行不通的。我们不能不进行惩罚。

长官处理问题毕竟比较沉着。

“让他自己选择，鞭刑抑或死刑，”他说道，“这样，你就会看到他变软的。”

我遵令来到培尔哈德跟前，向他宣布了长官的决定。他听了一声未吭，我则千方百计想说服他，问道：

“你有妻子吗？”

“有，”他和审讯时一样，简短地回答说。

“那么，孩子呢？”

“五个，”他回答说。

“看在上帝分上……请你为他们想一想，小伙子！”

我为他担心，打心眼里希望能打动他的固执。我虽然不知道他为什么这样固执，但我相信其中一定有令我钦佩的原委。

他沉默不语，看来思想斗争很激烈。

“请你听我的话，”我说道，“放聪明点，我愿意为你治疗，反正你身体结实，完全能挺得住，病上一个星期，而后又健康啦！”

“这我倒不害怕，”他说。

“那你怕什么呢？你说说看！”

1　戈比：俄罗斯等国的辅助货币。

“我不能听任别人鞭打，这是一切的一切！苍天不允许，我也不能，我宁可死，也绝不能让人举着鞭子抽打我的身体。”

“你们经常挨鞭子，”我说，“你们当奴隶的时候，挨打是经常的，你的父亲挨过鞭子，你的祖父也同样如此。”

“这是事实，我们经常挨打，”他承认道，“但是我生下来就是自由的。”

现在他又恢复了镇静，颧骨高耸、轮廓分明的脸庞上，又露出我初次见到的农民特有的素养。

“你的孩子怎么办？小伙子，如果你被杀，你五个孩子将成为孤儿。”

“他们没有父亲，但将来长大了，毕竟不是奴隶的儿子，枪毙我吧！”

他完全满足了自己的愿望。当他被枪杀时，我没有在现场，我甚至都不愿看他的妻子和长子是怎样领取他的尸体的，他临终的情景怎样，我一句也没过问。

我认为，从这个农民——培尔哈德·利菲斯身上可以看到，当了七百年之久的奴隶，现在腰杆挺起来了！

原作编者按：这是一个真实的故事，文中的主人公真名是培尔哈德·拉伊勃玛。当时爱沙尼亚是沙俄的一个省，农奴为反抗农奴主的压迫，爆发了大规模的暴动，焚烧了德国贵族的庄园。1905年沙俄政府派遣联合讨伐队，进行残酷的镇压。爱沙尼亚哈勃沙罗市至今仍保留着培尔哈德·拉伊勃玛纪念碑。文中提到撕毁圣像，是因为沙俄强迫波罗的海沿岸省份的居民，放弃路德教，改信希腊东正教，撕毁圣像也是一大罪状。

【诗歌】

致生命[1]（节选）

[俄] 茨维塔耶娃[2]

苏杭　译

你夺不走我脸上的绯红——
它旺盛得一如江河泛滥。
你是猎人，可我不会落入陷阱，
你是追兵，可我是逃犯。

你夺不走我充满活力的心灵！
它有如一匹阿拉伯骏马——
把身子摵成一张弯弓，
咬紧牙关，在追捕下

奋蹄奔腾。

1924年12月25日

1　茨维塔耶娃：《致一百年以后的你》，苏杭译，外国文学出版社1991年版。
2　茨维塔耶娃（1892—1941），俄国女诗人。

理性

第九

【经典论述】

人，实则一切有理性者，所以存在，是由于自身是个目的，并不是只供这个或那个意志任意利用的工具。

——康德[1]

理性取向就是随时准备承认我可能是错的，你可能是对的，凭借这种共同努力的态度，让我们更接近真理。

——卡尔 · 波普尔[2]

1 [德] 康德：《道德形而上学探本》，唐钺译，商务印书馆 1957 年版，第 42 页。

2 [奥地利] 卡尔 · 波普尔：《二十世纪的教训：卡尔 · 波普尔访谈演讲录》，王凌霄译，广西师范大学出版社 2004 年版，第 82 页。

【故事】

洞穴比喻[1]（节选）

[古希腊] 柏拉图[2]
郭斌和　张竹明　译

苏格拉底（以下简称“苏”）：接下来让我们把受过教育的人与没受过教育的人的本质比作下述情形。让我们想象一个洞穴式的地下室，它有一长长通道通向外面，可让和洞穴一样宽的一路亮光照进来。有一些人从小就住在这洞穴里，头颈和腿脚都绑着，不能走动也不能转头，只能向前看着洞穴后壁。让我们再想象在他们背后远处高些的地方有东西燃烧着发出火光。在火光和这些被囚禁者之间，在洞外上面有一条路。沿着路边已筑有一带矮墙。矮墙的作用像傀儡戏演员在自己和观众之间设的一道屏障，他们把木偶举到屏障上头去表演。

格劳孔（以下简称“格”）：我看见了。

苏：接下来让我们想象有一些人拿着各种器物举过墙头，从墙后面走过，有的还举着用木料、石料或其他材料制作的假人和假兽。而这些过路人，你可以料到有的在说话，有的不在说话。

格：你说的是一个奇特的比喻和一些奇特的囚徒。

1　柏拉图：《理想国》，郭斌和、张竹明译，商务印书馆 1986 年版。题目为编者所加。
2　柏拉图（前 427—前 345），古希腊哲学家。

苏：不，他们是一些和我们一样的人。你且说说看，你认为这些囚徒除了火光投射到他们对面洞壁上的阴影而外，他们还能看到自己的或同伴们的什么呢？

格：如果他们一辈子头颈被限制了不能转动，他们又怎样能看到别的什么呢？

苏：那么，后面路上人举着过去的东西，除了它们的阴影而外，囚徒们能看到它们别的什么吗？

格：当然不能。

苏：那么，如果囚徒们能彼此交谈，你不认为，他们会断定，他们在讲自己所看到的阴影时是在讲真物本身吗？

格：必定如此。

苏：又，如果一个过路人发出声音，引起囚徒对面洞壁的回声，你不认为，囚徒们会断定，这是他们对面洞壁上移动的阴影发出的吗？

格：他们一定会这样断定的。

苏：因此无疑，这种人不会想到，上述事物除阴影而外还有什么别的实在。

格：无疑的。

苏：那么，请设想一下，如果他们被解除禁锢，矫正迷误，你认为这时他们会怎样呢？如果真的发生如下的事情：其中有一人被解除了桎梏，被迫突然站了起来，转头环视，走动，抬头看望火光，你认为这时他会怎样呢？他在做这些动作时会感觉痛苦的，并且，由于眼花缭乱，他无法看见那些他原来只看见其阴影的实物。如果有人告诉他，说他过去惯常看到的全然是虚假，如今他由于被扭向了比较真实的器物，比较地接近了实在，所见比较真实了，你认为他听了这话会说些什么呢？如果再有人把墙头上过去的每一器物指给他看，并且逼他说出那是些什么，你不认为，这时他会不知说什么是好，并且认为他过去所看到的阴影比现在所看到的实物更真实吗？

格：更真实得多呀！

苏：如果他被迫看火光本身，他的眼睛会感到痛苦，他会转身走开，仍旧逃向那些他能够看清而且确实认为比人家所指示的实物还更清楚更实在的影像的。不是吗？

格：会这样的。

苏：再说，如果有人硬拉他走上一条陡峭崎岖的坡道，直到把他拉出洞穴见到了外面的阳光，不让他中途退回去，他会觉得这样被强迫着走很痛苦，并且感到恼火；当他来到阳光下时，他会觉得眼前金星乱蹦金蛇乱串，以致无法看见任何一个现在被称为真实的事物的。你不认为会这样吗？

格：噢，的确不是一下子就能看得见的。

苏：因此我认为，要他能在洞穴外面的高处看得见东西，大概需要有一个逐渐习惯的过程。首先大概看阴影是最容易，其次要数看人和其他东西在水中的倒影容易，再次是看东西本身；经过这些之后他大概会觉得在夜里观察天象和天空本身，看月光和星光，比白天看太阳和太阳光容易。

格：当然啰。

苏：这样一来，我认为，他大概终于就能直接观看太阳本身，看见它的真相了，就可以不必通过水中的倒影或影像，或任何其他媒介中显示出的影像看它了，就可以在它本来的地方就其本身看见其本相了。

格：这是一定的。

苏：接着他大概对此已经可以得出结论了：造成四季交替和年岁周期，主宰可见世界一切事物的正是这个太阳，它也就是他们过去通过某种曲折看见的所有那些事物的原因。

格：显然，他大概会接着得出这样的结论。

苏：如果他回想自己当初的穴居、那个时候的智力水平，以及禁锢中的伙伴们，你不认为，他会庆幸自己的这一变迁，而替伙伴们遗憾吗？

格：确实会的。

苏：如果囚徒们之间曾有过某种选举，也有人在其中赢得过尊荣，而那些敏于辨别而且最能记住过往影像的惯常次序，因而最能预言后面还有什么影像会跟上来的人还得到过奖励，你认为这个既已解放了的人他会再热衷于这种奖赏吗？对那些受到囚徒们尊重并成了他们领袖的人，他会心怀嫉妒，和他们争夺那里的权力地位吗？或者，还是会像荷马所说的那样，他宁愿活在人世上做一个穷人的奴隶，受苦受难，也不愿和囚徒们有共同意见，再过他们那种生活呢？

格：我想，他会宁愿忍受任何苦楚也不愿再过囚徒生活的。

苏：如果他又回到地穴中坐在他原来的位置上，你认为会怎么样呢？他由于突然地离开阳光走进地穴，他的眼睛不会因黑暗而变得什么也看不见吗？

格：一定是这样的。

苏：这时他的视力还很模糊，还没来得及习惯于黑暗——再习惯于黑暗所需的时间也不会是很短的。如果有人趁这时就要他和那些始终禁锢在地穴中的人们较量一下“评价影像”，他不会遭到笑话吗？人家不会说他到上面去走了一趟，回来眼睛就坏了，不会说甚至连起一个往上去的念头都是不值得的吗？要是把那个打算释放他们并把他们带到上面去的人逮住杀掉是可以的话，他们不会杀掉他吗？

格：他们一定会的。

苏：亲爱的格劳孔，现在我们必须把这个比喻整个儿地应用到前面讲过的事情上去，把地穴囚室比喻可见世界，把火光比喻太阳的能力。如果你把从地穴到上面世界并在上面看见东西的上升过程和灵魂上升到可知世界的上升过程联想起来，你就领会我的这一解释了，既然你急于要听我的解释。至于这一解释本身是不是对，这是只有神知道的。但是无论如何，我觉得，在可知世界中最后看见的，而且是要花很大的努力才能最后看见的东西乃是善的理念。我们一旦看见了它，就必定能得出下述结论：它的确就是一切事物中一切正确者和美者的原因，就是可见世界中创造光和光源者，在可理知世界中它本身就是真理和理性的决定性源泉；任何人凡能在私人生活或公共生活中行事合乎理性的，必定是看见了善的理念的。

格：就我所能了解的而言，我都同意。

苏：那么来吧，你也来同意我下述的看法吧，而且在看到下述情形时别感到奇怪吧：那些已达到这一高度的人不愿意做那些琐碎俗事，他们的心灵永远渴望逗留在高处的真实之境。如果我们的比喻是合适的话，这种情形应该是不奇怪的。

格：是不足为怪的。

苏：再说，如果有人从神圣的观察再回到人事；他在还看不见东西、还没有变得足够地习惯于黑暗环境时，就被迫在法庭上或其他什么地方同人家争讼关于正义的影子或产生影子的偶像，辩论从未见过正义本身的人头脑里关于正义的观念。如果他在这样做时显得样子很难看举止极可笑，你认为值得奇怪吗？

格：一点也不值得奇怪。

苏：但是，凡有头脑的人都会记得，眼睛有性质不同的两种迷盲，它们是由两种相应的原因引起的：一是由亮处到了暗处，另一是由暗处到了亮处。凡有头脑的人也都会相信，灵魂也能出现同样的情况。他在看到某个灵魂发生迷盲不能看清事物时，不会不假思索就予以嘲笑的，他会考察一下，灵魂的视觉是因为离开了较光明的生活被不习惯的黑暗迷误的呢，还是由于离开了无知的黑暗进入了比较光明的世界，较大的亮光使它失去了视觉的呢？于是他会认为一种经验与生活道路是幸福的，另一种经验与生活道路是可怜的；如果他想笑一笑的话，那么从下面到上面去的那一种是不及从上面的亮处到下面来的这一种可笑的。

格：你说得非常有道理。

苏：如果这是正确的，那么关于这些事，我们就必须有如下的看法：教育实际上并不像某些人在自己的职业中所宣称的那样。他们宣称，他们能把灵魂里原来没有的知识灌输到灵魂里去，好像他们能把视力放进瞎子的眼睛里去似的。

格：他们确曾有过这种说法。

苏：但是我们现在的论证说明，知识是每个人灵魂里都有的一种能力，而每个人用以学习的器官就像眼睛——整个身体不改变方向，眼睛是无法离开黑暗转向光明的。同样，作为整体的灵魂必须转离变化世界，直至它的“眼睛”得以正面观看实在，观看所有实在中最明亮者，即我们所说的善者。是这样吧？

【诗歌】

更高的生命[1]

[德] 荷尔德林[2]

先刚 译

人选择自己的生命，自己的决断，
离虚幻而识智慧，思辨、追忆，
那沉入世界的追忆，
而无物可惊扰他内在的价值。

辉煌的大自然使他的日子美丽，
常在他深处，精神孕育新的追求
崇敬真理，
孕育更高的意义，及一些奇妙的问题。

人因之亦能认识生命的意义，
探寻目标之最高者，最美妙者，
以人的尺度体察人生世界，
尊更高的生命为崇高的意义。

1 荷尔德林：《塔楼之诗》，先刚译，同济大学出版社 2004 年版。
2 荷尔德林（1770—1843），德国诗人。

善良

第十

【经典论述】

积善成德，而神明自得。

——荀子[1]

人们不讲道理，思想谬误，以自我为中心，
不管怎样，总是要爱他们。
如果你做善事，人们说你自私自利、别有用心，
不管怎样，总是要做善事。
如果你成功以后，身边尽是假的朋友和真的敌人，
不管怎样，总是要成功。

1　选自《荀子·修身》。

你所做的善事明天就被遗忘，
不管怎样，总是要做善事。
诚实与坦率使你易受攻击，
不管怎样，总是要诚实与坦率。

——特蕾莎修女[1]

1 曹文智编译：《怀大爱心・做小事情》，漓江出版社2005年版，第13页。

【故 事】

早餐[1]

[美] 斯坦贝克[2]
张澍智 译

我每想起这件事，心中总有一种愉快、满足之感。说来也怪，连最小的细节至今仍历历在目。我曾多次追忆这件事，而每次都能在记忆中的朦胧处想起一个新的细节，这时，那种美妙温馨的快感就油然而生。

那是凌晨时分，东边的山峦仍是一片蓝黑色，但山背后却已晨曦微露，一抹淡淡的红色渲染着山峦的边缘处。当这缕红色的光往高空移升时，它的色泽越变越冷、越来越淡、越来越暗，当它接近西边天际时，就逐渐和漆黑的夜空融为一体了。

天很冷，虽然算不得刺骨严寒但也冻得我拱背缩肩，拖曳着双足，把两手搓热后插进裤兜里。我置身其中的这座山谷，泥土现在呈拂晓时特有的灰紫色。我沿着一条乡间土路往前走，突然看见前方有一座颜色比泥土略淡的帐篷，帐篷旁，橘红色的火苗在一只生锈的小铁炉的缝隙中闪烁。短而粗的烟筒喷出一股灰色的浓烟，烟柱向上直直升起，过了好一会才在空中飘散。

1 斯坦贝克：《人与鼠》，张澍智译，上海译文出版社 2004 年版。
2 斯坦贝克（1902—1968），美国小说家，1962 年诺贝尔文学奖获得者。

我看见火炉旁有位青年妇女，不，是位姑娘。她身穿一件褪色的布衣裙，外面罩着一件背心。我走近后才发现她那只弯曲着的胳膊正搂抱着一个婴儿，婴儿的头暖暖和和地包在背心里面，小嘴正在吮奶，这位母亲不停地转来转去，一会儿掀开长锈的炉盖以加强通风，一会儿拉开烤箱上的门，而那个婴儿一直在吮奶。婴儿既不影响她干活，也没影响她转动时轻捷优美的姿态，因为她每个动作都准确而娴熟。从铁炉缝隙中透露出的橘红色的火苗把跳动着的黑影投映在帐篷上。

我走近时，一股煎咸肉和烤面包的香味扑面而来，我认为这是世界上最令人感到愉快和温暖的气味。这时，东边的天空已亮起来，我走近火炉，伸出手去烤火，一触到暖气，全身立刻震颤一下。突然，帐篷的门帘向上一掀，走出个青年，后面跟着一位长者。他俩都穿着崭新的粗蓝布裤和钉着闪亮的铜纽扣的粗蓝布外套。两人长得十分相像，都是瘦长脸。

年轻的蓄着黑短髭，年长的蓄着花白短髭，两人的头和脸都是水淋淋的，头发上满是水，短髭上挂着水珠，面颊上闪着水光。他们二人默默地站在一起望着逐渐亮起来的东方，一同打了个哈欠，一同看着山边的亮处。他们一回身看见了我。

“早！”年长的那位说。他脸上的表情既不太亲热也不太冷淡。

“早，先生。”我说。

“早！”青年说。

他们脸上的水渍还没完全干，两人一同来到火炉边烤手。

姑娘不停地干活，她把脸避开人，聚精会神地干手里的活。她那梳得平平整整的长发扎成一束垂在背后，干活时，发束随着她的动作甩来甩去。她把几只马口铁水杯、几只铁盘和几份刀叉放在一只大包装箱上，然后从油锅里捞出煎好的咸肉片，放在一只平底大铁盘上，卷曲起来沙沙作响的咸肉片看上去又松又脆。她打开生锈的铁烤箱，取出一只正方形的盘子，盘子上面摆满用发酵粉发得松松的大面包。

热面包香气扑鼻，两位男人深深地吸了口气，年轻人低声说：“耶稣基督！”

年长的人回头对我说：“你吃过早饭吗？”

“没有。”

“那就跟我们一起吃吧。”

这就是邀请了，我同他们一块走到包装箱旁，围着箱子蹲在地上。青年问道：“你也去摘棉花吗？”

“不。”

“我们已经摘了十二天了。”

姑娘从火炉那边说：“还领到了新衣服呢。”

两个男人低头瞧着新衣裤，一同笑了。

姑娘摆上那盘咸肉，大个的黑面包，一碗咸肉汁和一壶咖啡，然后自己也蹲在纸箱旁。婴儿的头部暖暖和和地包在背心里面，还在吮奶，我听见小嘴吮奶时的咂咂声。

我们都在自己的盘子里放满面包和咸肉，在面包上浇上肉汁，在咖啡杯里放了糖。那位长者把嘴填得满满的，细细咀嚼了很久才咽下去。于是他说：“全能的上帝，真好吃！”接着他又把嘴填满。

年轻人说：“我们吃了十二天好的了。”

这时，每个人都在狼吞虎咽，都把再次放在自己盘上的面包和咸肉又一下子吃得精光，一直吃得每个人都肚里饱饱的、身上暖暖的。热咖啡把咽喉烫得火辣，但我们把剩在杯底的咖啡连同渣子一块儿泼在地上后又把杯子斟满。

曙光现在有了色彩，但这种发红的亮光反而使天空显得更寒冷。那两个男人面对东方，晨曦把他们的脸照得闪闪发亮。我抬头望了一会，看见老者的眼球上映着一座山峦的影子和正爬越过那座山峰的亮光。

两位男人把杯里的咖啡渣倒在地上，一同站起身。年长的人说："该走了。"

年轻的人转向我："你要是愿意摘棉花，我们可以帮个忙。"

"不啦，我还得赶路。谢谢你们的早饭。"

长者摆了摆手。"不用谢，你来我们很高兴。"他们俩一同走了。东方的天际这时正燃起一片火红的朝霞，我独自顺着那条乡间土路继续向前走去。

事情就是这些，它之所以令人感到愉快是显而易见的，但它本身具有一种无与伦比的美，因此，我每次回忆时总有一股暖流袭上心头。

心愿[1]

[美] 艾米莉 · 狄金森[2]

周林东　译

若能帮一颗心免于残破，
我便不算白活；
若能减轻一个人的痛楚，
或缓减一种痛苦，
或帮助一只雏鸟
回到树上的窝，
我便不算白活。

1　本诗为周林东先生专为本书所译。
2　艾米莉·狄金森（1830—1886），美国女诗人。

敬畏

第十一

【经典论述】

天日昭昭！天日昭昭！

——岳飞临终绝笔[1]

有两种东西，我们愈经常愈反复地加以思索，它们就愈给人心灌输时时在翻新、有加无已的赞叹和敬畏：头上的星空和内心的道德法则。

——康德[2]

1 李安：《岳飞史迹考》，台湾正中书局1976年版，第305页。
2 ［德］康德：《实践理性批判》，关文运译，广西师范大学出版社2002年版，第158页。

【故事】

河间生[1]

（清）蒲松龄

河间某生，场中积麦穰如丘，家人日取为薪，洞之。有狐居其中，常与主人相见，老翁也。一日，屈主人饮，拱生入洞，生难之，强而后入。入则廊舍华好。即坐，茶酒香烈。但日色苍皇，不辨中夕。筵罢既出，景物俱杳。翁每夜往夙归，人莫能迹，问之，则言友朋招饮。生请与俱，翁不可；固请之，翁始诺。挽生臂，疾如乘风，可炊黍时，至一城市。入酒肆，见坐客良多，聚饮颇哗，乃引生登楼上。下视饮者，几案柈餐，可以指数。翁自下楼，任意取案上酒果，抔来供生。筵中人曾莫之禁。移时，生视一朱衣人前列金橘，命翁取之。翁曰："此正人，不可近。"生默念：狐与我游，必我邪也。自今以往，我必正！方一注想，觉身不自主，眩堕楼下。饮者大骇，相哗以妖。生仰视，竟非楼，乃梁间耳。以实告众。众审其情确，赠而遣之。问其处，乃鱼台，去河间千里云。

编者注：

1 河间：河间府，治所在今河北河间县。

---

1 （清）蒲松龄：《聊斋志异》（上册），人民文学出版社 1995 年版。

2 洞之：在麦穰垛中掏出一个洞。
3 屈：屈驾。延请别人的敬辞。
4 拱：拱手相让。
5 人莫能迹：没有谁能知晓其踪迹。
6 炊黍时：做一顿饭的工夫。
7 柈：同“盘”。
8 可以指数：能够一一看清。
9 抔（póu）：双手捧物。
10 莫之禁：没有人禁止他。
11 正人：品格端正之人。
12 注想：专心思考。
13 相哗以妖：彼此喧哗起来，认为是妖异。
14 鱼台：县名，今属山东省，旧治在今县城西南。

【诗 歌】

人，诗意地栖居[1]

[德] 荷尔德林

陈维钢 译

既然辛勤劳碌宰制人生
人还须仰望穹苍倾诉：
吾欲追求汝之高洁？
人必得如此。
只要善良、纯真尚与人心同在，
人便会欣喜地，
用神性度测自身。
神莫测而不可知？
神如苍天彰明较著？
我宁可信奉后者。
神本是人之尺规。

1 刘小枫编选：《德语诗学文选》（下卷），陈维纲等译，华东师范大学出版社 2006 年版。

劬劳功烈，然而人诗意地
栖居在大地上。
我可否放胆直陈，
那满缀星辰的夜影，
要比称着神明影像的人
更明澈洁纯？
大地之上可有尺规？
绝无！

真诚

第十二

【经典论述】

所谓诚其意者，毋自欺也。

——《大学》

无妄之谓诚，不欺其次矣。

——程颐[1]

你可能在某些时候欺骗了所有的人，也可能在所有的时候欺骗了某些人，但你却不能在所有的时候欺骗所有的人。

——亚伯拉罕 · 林肯[2]

1 （宋）程颐：《二程遗书》卷六，见朱熹《近思录》，江苏古籍出版社2001年版，第18页。
2 ［德］艾密尔·鲁特维克：《林肯》，赵倩译，国际文化出版公司1999年版，扉页。

【故事】

中彩之夜[1]

[美]约翰·格立克斯
周炎明 译

第二次世界大战前，我们家是纽约城里唯一没有汽车的人家。当时，我十多岁，已经懂事了。在我看来，没有汽车，就说明我家的生活处于最贫穷困苦的境地。

我们每天上街买东西，总是坐一辆简陋的二轮柳条车，拉车的是一匹老谢特兰马。我母亲像《大卫·科波菲尔》里的人物那样，把它叫作巴尔克斯。我们的巴尔克斯是一匹既可笑又难看的小种马，它长着四条罗圈腿，马蹄踏在地上发出呱嗒呱嗒的声音，仿佛是在说，我们家里穷得叮当响。

我父亲是个职员，整天在证券交易所那如同囚笼般的办公室里工作。假如我父亲不把一半工资用于医药费以及接济给比我们还穷的亲戚，那么我们的日子倒还过得去。事实上，我们是很穷的。我们的房子已经完全抵押出去。一到冬天，食品商城就把我们家作为欠债户记在账册上了。

我母亲常安慰家里人说："一个人有骨气，就等于有了一大笔财富。在生活中怀着一线希望，也就等于有了一大笔精神财富。"

1　选自《外国文学》1983年第1期。

我挖苦地反驳说："反正你买不起一辆汽车。"而母亲在生活上处处力求简朴，在母亲的悉心料理下，家里的生活还是有趣的。母亲知道如何把几码透明印花棉布和一点油漆派上用场的诀窍。可是，我们家的"车库"中仍旧拴着巴尔克斯那匹马。

一件意外的事情把我那实实在在的羞涩之情一扫而光，激动人心的时刻突然来到了。

几星期后，一辆崭新的别克牌汽车在大街上那家最大的百货商店橱窗里展出了。这辆车将在市集节日之夜以抽彩的方式馈赠得奖者。我待在人群外面的黑影里，观看开奖前放的焰火，等候着这一高潮的到来。用旗帜装饰一新的别克牌汽车停放在一个专门的台子上，在十几只聚光灯的照耀下，光彩夺目。人们鸦雀无声地等待市长揭开装有获奖彩票的玻璃瓶。

不管我有时多么想入非非，也从来没有想到过幸运女神会厚待我们这个城里唯一没有汽车的人家。但是，扩音器里确实在大声叫着我父亲的名字！这时，我从人群中慢慢往里挤。市长把汽车钥匙交给我父亲，我父亲在"星条旗万岁"的歌声中把汽车缓缓地开出来。

回家的路尽管有一里远，我拼命地跑，好像别克牌汽车载着我的女友去参加舞会似的。家里除起居室有灯光外，其他地方漆黑一片。别克牌汽车停在车道上，前窗玻璃闪闪发光，而我听到从车库里传来巴尔克斯的喘息声。

我气喘吁吁地跑到汽车前，抚摸一下它那光滑的车篷，开了门，坐进去。里面装饰豪华，散发出新汽车的奇异气味。我端详了一下闪闪发光的仪器板，得意洋洋地坐在靠背椅上。我转过头来，观望窗外的景致，这时，从汽车的后窗看到父亲强壮的身影。他正在人行道上散步。我跳出车，砰地关上车门，朝他奔去。

父亲却向我咆哮着："滚开，别待在这儿！让我清静清静！"

他就是用棍子敲我的头，也不会比这更伤我的心了。他的态度使我大为吃惊，我只得走进家门。

我在起居室里见到母亲，她看我悲伤的样子说："不要烦恼，你父亲正思考一个道德问题。我们等待他找到适当的答案。"

"难道我们中彩得到汽车是不道德的吗？"我迷惑不解地问。

"汽车根本不属于我们，这就是问题的关键。"母亲说。

我歇斯底里地大叫："哪有这样的事？！汽车中彩明明是扩音器里宣布的。"

"过来，孩子。"母亲轻声说。

桌上的台灯下放着两张彩票存根，上面的号码是348和349。中彩号码是348。"你看到两张彩票有什么不同吗？"母亲问。

我仔细看了一下说："我只看到中彩的号码是348。"

"你再仔细看看。"

我看了好几遍，终于看到彩票角上有个用铅笔写的淡淡的K字。

母亲又问："你看到K字吗？"

"正巧可以看到一点点。"

"这K字代表凯特立克。"

"吉米·凯特立克吗？是父亲交易所的老板？"

"对。"

母亲把事情一五一十跟我讲了。当初父亲对吉米说，他买彩券的时候可给吉米代买一张，吉米咕哝说："为什么不可以呢？"老板说完，就去干自己的事了。过后可能再也没想到过这事。父亲就用自己的钱以自己的名义买了两张彩票，348那张是给凯特立克买的。现在可以看得出来那K字用大拇指轻轻擦过，正好看得见淡淡的铅笔印。

对我来说，这是一目了然的事情。吉米·凯特立克是个亿万富翁，拥有十几部汽车，仆人成群，还有两个雇用的司机。对他来说，增加一辆汽车简直等于我们巴尔克斯的马具里多个马嚼子。我激动地说："汽车应该归我爸爸。"

母亲平静地说："你爸爸知道怎么做是正当的。"

最后，我们听到父亲踏进前门的脚步声。我静静地等待着结局。父亲走到饭厅的电话机旁，拨了号码。他是打给凯特立克的。等了好长时间，最后，凯特立克的仆人接了电话，说老板在睡觉。他讨厌电话铃声把他从梦中惊醒，显得十分不高兴。我父亲把整个事情对他说了一遍。第二天中午，凯特立克的两个司机来到我们这儿，把别克牌汽车开走了。他们送给我父亲一盒雪茄。

直到我成年以后，我们才有了一辆汽车。随着时间的流逝，我母亲的那句格言"一个人有骨气，就等于有了一大笔财富"具有了新的含义。回顾以往岁月，我现在才明白，父亲打电话的时候，是我们最富有的时刻。

【诗歌】

挖去我的眼睛……[1]

[奥地利]里尔克[2]

杨武能　译

挖去我的眼睛，我仍能看见你，
堵住我的耳朵，我仍能听见你；
没有脚，我能够走到你身旁，
没有嘴，我还是能祈求你。
折断我的双臂，我仍将拥抱你——
用我的心，像用手一样。
箝住我的心，我的脑子不会停息；
你放火烧我的脑子，
我仍将托负你，用我的血液。

1　里尔克：《里尔克抒情诗选》，杨武能译，四川文艺出版社 1988 年版。
2　里尔克（1875—1926），奥地利德语诗人。

亲情

第十三

【经典论述】

孝有三：大尊尊亲，其次弗辱，其下能养。

——《礼记》

你们的孩子，都不是你们的孩子
乃是生命为自己所渴望的儿女。
他们是借你们而来，却不是从你们而来
他们虽和你们同在，却不属于你们。

——纪伯伦[1]

1 ［黎巴嫩］纪伯伦：《先知的使命：纪伯伦诗文集》，冰心等译，李琛选编，中国工人出版社 1992 年版，第 276 页。

【故事】

煎锅[1]

西西

妇人说：

他终于上班去了，两只眼睛都有点红肿。昨晚，他根本没合过眼。公司的经理为什么忽然特别指定叫他今天独自去见他？为什么没有叫黄站长、黎站长他们？平日，他们不是总在一起么。一定是因为他的年龄问题，公司早知道他已经过了五十五岁，既然过了五十五岁，就该退休了。要不是老经理的体恤，哪有偌大的机构肯继续雇用一个年龄将近六十的老职员。老经理过去了几年，现在的经理当然会有不同的措施。以后的日子怎么挨呢？家里并没有积蓄，全家的重担都要落在女儿一个人的肩上了。她在那间小小的医务所里当个替病人登记、挂号、探探热的护士，薪水一直比任何别的职业少，甚至比不上纱厂的一名女工。现在的物价每天飞涨，白菜忽然变成港币八块钱一斤，昨天收到新派来的电费单，每度电多了两块多。日子愈来愈难挨呵。小弟还在读书，差两年才能毕业，这两年，无论如何得让他念完吧，如果不多读一点书，学历不好，找事情做也不容易。怎么办呢？若是家里少了一份收入，生活立刻就要成问题了。

1 西西：《像我这样的一个女子》，广西师范大学出版社2010年版。

老人说：

心里的一块大石头终于放下啦。起初，我真是担心得不得了，手心不住地冒汗。原来今天经理叫我去见他，是因为公司的业务上有了新的发展，装置了一副无线电通话系统，用来指挥全部车辆的调配，由于我的服务年资和对交通路线及公司各部门的熟稔，所以决定派我担任电台的台长。这真是一个意外，和我同级的黄站长、黎站长他们纷纷向我道贺，还说要立刻请我出去吃喝一顿，庆祝庆祝，我自己当然开心极了。下午，我到电台去走了一趟，地点在公司新大厦的三楼，整层千多平方英尺的大楼只正中放了一台新机器和一张大椅子，由我一个人负责操纵，室内很凉快，因为大厦有中央系统空气调节，而三楼的空气调节还是独立的，不受停电的影响，室内的温度也和别层的不同，为了适应机器。机器我试用过了，电动的按钮会闪起红红绿绿的小灯，并不难，外面有问题进来时灯会亮，我按了钮听见对方说：巡逻车一号报告，六号路线第七三九六号坏了车，现在停在弥敦道界限街交界附近（喔弗）。我并不知道“喔弗”是什么，指导我使用机器的先生告诉我，讲完话说声“喔弗”就行了。我于是和巡逻车通话：立刻通知观塘厂派一辆空车出来，约十五分钟后可抵达现场接载乘客；另外会通知工程部派工程车把坏车拖回荔枝角厂修理（喔弗）。

女儿说：

当年投考中学的时候，我选择了一间中文中学。我那时想：我是中国人，当然应该进一间以中文为主的学校，我的选择会不会是一项错误？如果没有错，那么，为什么毕业以后，我的出路又崎岖又艰辛？而且，到了今天，我竟不能帮助爸爸解决他的难题。爸爸当了公司电台的台长，的确没有以前那么辛苦了，他不必再在猛烈的太阳下在马路上指手画脚地调配车辆，也不用再在摄氏四十度的高温下挤上沙丁鱼似的车厢去查票。可是，问题又来了，他经常要写一点报告，报告都要用英文写，这可难倒了他。那天回家后，他一个人直坐在椅子上发呆；而我，却没有能力帮助他。如果当年我读的是英文中学，那么我一定可以替他写那些报告。我为这个问题思考了几个晚上，理出了一点头绪，我想，我的英文不够好，不能怪我读的是中文中学，主要的原因，可能是我并不曾好好地去钻研和下苦功。我记得，我同班有几位同学，英文一样很好，会考的时候，英文都得了优异。那么，为什么单单是我自己的英文就不行呢。一个读中文中学出身的人，难道英文就不能和读英文中学出来的一般出色吗？

小弟说：

我给老爸找来一本小学一年级的英文课本，第一课有四幅图画，第一幅是一个男人，第二幅是一个煎锅，另外两幅分别是一个男人和一个煎锅、一个煎锅和一个男人。我开始教老爸读英文，他很认真，读得很用心，发音也不错。他说他要每天学一课，他说他要努力学，直到能自己写公司的那些报告，不必再由我代笔。他问我：能吗？我说：能。我们沿着桌子的两边坐，他自己读的时候，我会一边听他读得对不对，一边看着书本中的图画。图画里的煎锅有时会变得很大，比那个男人还要大，仿佛煎锅要把男人煎起来的样子。但在另外一幅图画里，煎锅又变得很小，男人却变得巨大起来，仿佛男人要拿起煎锅来煎一个鸡蛋。这本课本的第二课就是讲鸡蛋：一个母鸡、一个鸡蛋；一个鸡蛋和一个母鸡、一个母鸡和一个鸡蛋。我想：当我教老爸读第二课的时候，我一定会想一阵先有母鸡还是先有鸡蛋那个团团转的问题。屋子里很静，没有一个人在看电视。姐姐上夜课去了，她报名进了一间文化协会去学英文。妈妈待在厨房里好一会了。嗯，好香啊！一定是莲子百合红豆沙了。

一九八〇年六月

【诗歌】

Allen Ginsberg妈妈的一封信[1]

周云蓬

花
有蓝的花，有红的花，还有绿的花。
花
有白的花，有黄的花，还有黑的花。
ALLEN，结婚吧，拿着钥匙不要再吸毒了。
菜已经买好了，有萝卜西红柿，还有红辣椒。

我在疯人院里一切都很好，每天做着电击，没有烦恼。
每顿饭有鱼有肉还有牛奶，
这里的玻璃一点都不脏，都不脏。

ALLEN，结婚吧，
拿着钥匙不要再吸毒了，
钥匙在阳光下，
在栅栏旁，在阳光下的窗台上。

1 周云蓬：《春天责备》，上海文艺出版社2010年版。艾伦·金斯堡（1926—1997），美国现代诗人。此诗为周云蓬据金斯堡生平和作品写的一首歌词。

容忍

第十四

【经典论述】

子贡问曰："有一言而可以终身行之者乎？"子曰："其恕乎？己所不欲，勿施于人。"

——孔子[1]

你们愿意人怎样待你们，你们也要怎样待人。

——《路加福音 6：31》

无论古今中外都是这样：没有容忍，就不会有自由。人们自己往往都相信他们的想法是不错的，他们的思想是不错的，他们的信仰也是不错的：这是一切不容忍的本源。

——胡适[2]

1 选自《论语·卫灵公》。
2 胡适：《容忍与自由：胡适演讲录》，京华出版社 2006 年版，第 251 页。

【故事】

日记一则[1]（节选）

胡适

1921年8月30日（星期二）

上午，上海交涉使许秋帆（沅）来谈。

十时半，与梦旦同至沧州旅馆看元任夫妇，等到十二时他们始回来。谈了几句话，我们就走了。梦旦邀我到消闲别墅（福建馆）吃饭，饭时大谈。他谈起我的婚事，他说许多旧人都恭维我不背旧婚约，是一件最可佩服的事！他说，他的敬重我，这也是一个条件。我问他，这一件事有什么难能可贵之处？他说，这是一件大牺牲。我说，我生平做的事，没有一件比这件事最讨便宜的了，有什么大牺牲？他问我何以最讨便宜。我说，当初我并不曾准备什么牺牲，我不过心里不忍伤几个人的心罢了，假如我那时忍心毁约，使这几个人终身痛苦，我的良心上的责备，必然比什么痛苦都难受。其实我家庭里并没有什么太过不去的地方。这已是占便宜了。最占便宜的，是社会上对于此事的过分赞许；这种精神上的反应，真是意外的便宜。我是不怕人骂的，我也不曾求人赞许，我不过行吾心之所安罢了，而竟得这种意外的过分报酬，岂不是最便宜的事吗？若此

1 选自《胡适日记全集》第三册，曹伯言整理，台北联经出版事业有限公司2004年版。

事可算牺牲，谁不肯牺牲呢？

他终不信此事是容易做得到的，我因告诉他，我对于我的旧婚约，始终没有存毁约的念头，但有一次确是“危机一发”。我回国之后，回到家中，说明年假时结婚，但我只要求一见冬秀，为最低限度的条件。这一个要求，各方面都赞成了。我亲自到江村，他家请我吃酒，席散后，我要求一见冬秀，他的哥哥耘圃陪我到她卧房外，他先进房去说，我坐在房外翻书等着。我觉得楼上楼下暗中都挤满了人，都是要“看戏”的！耘圃出来，面上很为难，叫七都的姑婆进去劝冬秀。姑婆（吾母之姑，冬秀之舅母）出来，招我进房去。我进房去，冬秀躲入床上，床帐都下；姑婆要去强拉开帐子，我摇手阻住她，便退了出来。耘圃招呼我坐，我仍翻书与他乱谈，稍坐一会，我便起身与他出来。这时候，我若招呼打轿走了，或搬出到客店去歇，那事便僵了。我那时一想，此必非冬秀之过，乃旧家庭与旧习惯之过。我又何必争此一点最低限度的面子？我若闹起来，他们固然可强迫她见我，但我的面子有了，人家的面子何在？我因此回到子隽叔家，绝口不再提此事。子隽婶与姑婆都来陪我谈，谈到夜分，我就睡了。第二天早起，我借纸笔写了一封信给冬秀，说我本不应该来强迫她见我，是我一时错了。她的不见我，是我意中的事。我劝她千万不可因为她不见我之故心里不安。我决不介意，她也不可把此事放在心上。我叫耘圃拿去给她，并请他读给她听。吃了早饭，我就走了。姑婆要我再去见她，我说不必了。回到家里，人家问我新人如何，我只说，见过了，很好。我告诉我母亲，母亲大生气，我反劝她不要错怪冬秀。但轿夫都知道此事，传说出去，人家来问我，我也只一笑不答。后来冬秀于秋间来看我母亲，诉说此事，果然是旧家庭作梗。她家长辈一面答应我，一面并不告诉她，直到我到她家，他们方才告诉她，并且表示大不赞成之意，冬秀自然不肯见我了。她没有父母，故此种事无人主持。那天晚上，我若一任性，必至闹翻。我至今回想，那时确是危机一发之时。我这十几年的婚姻旧约，只有这几点钟是我自己有意矜持的。我自信那一晚与第二天早上的行为也不过是一个 gentleman 应该做的。我受了半世的教育，若不能应付这样一点小境地，我就该惭愧终身了。梦旦听了，也说这事办得不错。[1]

饭后到码头上送元任夫妇行。

1　胡适眉注："最可怪的，人家竟传说独秀曾力劝我离婚，甚至拍桌骂我，而我终不肯。此真厚诬陈独秀而过誉胡适之了！大概人情爱抑彼扬此，他们欲骂独秀，故不知不觉地造此大诳。十，九，一，适。"——编者。

【诗歌】

从前我曾想要一个大海[1]

[奥地利]恩斯特·施瓦茨[2]

黎奇 译

从前我曾想要一个大海，
或至少是一个湖泊，
为了要宣泄
我小小的痛苦。

如今我那最大的王国
已经大大收缩：
为了宣泄我最大的痛苦，
一片最小的池塘就已经足够。

人到了老年，
慢慢学会了容忍，
一潭小小的水池
就容得下痛苦的海洋。

1 《外国文艺》编辑部编：《孤独的玫瑰：当代外国抒情诗选》，上海译文出版社1986年版。
2 恩斯特·施瓦茨（1916—2003），奥地利诗人、汉学家。

独立思考

第十五

【经典论述】

只有我们独立自主地思索，才真正具有真理和生命。因为，唯有它们才是我们反复领悟的东西。他人的思想就像别人飨桌上的残羹，就像陌生客人落下的衣衫。

——叔本华[1]

士之读书治学，盖将以脱心志于俗谛之桎梏，真理因得以发扬。思想而不自由，毋宁死耳。斯古今仁圣所同殉之精义，夫岂庸鄙之敢望。先生以一死见其独立自由之意志，非所论于一人之恩怨，一姓之兴亡。呜呼！树兹石于讲舍，系哀思而不忘。表哲人之奇节，

1 ［德］叔本华：《意欲与人生之间的痛苦 叔本华随笔和箴言集》，李小兵译，上海三联书店 1988 年版，第 58 页。

诉真宰之茫茫。来世不可知者也，先生之著述，或有时而不章；先生之学说，或有时而可商，惟此独立之精神，自由之思想，历千万祀与天壤而同久，共三光而永光。

——陈寅恪[1]

编者注：

1 俗谛：佛教名词，指世俗的道理，如贪生、逐利等。

2 "非所论"二句：王国维自沉后，对其死因众说纷纭，或说缘于罗振玉的恩怨，或说为清朝殉节。

3 真宰：天为万物的主宰，故称真宰。

4 祀：世，代。

5 三光：日、月、星。

1 陈寅恪：《清华大学王观堂先生纪念碑铭》（节选），《陈寅恪文集之三·金明馆丛稿二编》，上海古籍出版社 1980 年版，第 246 页。

【故事】

李贽传[1]（节选）

鄢烈山　朱健国

万历二十一年的春夏，除去与袁氏兄弟共度的十天，李贽读书著述之外的消遣，便是修殿塑佛。

新修的建筑，总名“芝佛上院”。一乃因山盖屋，居山麓原有“芝佛院”之上；二是此为卓吾生前的精舍、死后的藏骨室所在，与下边众僧居处相对而称。

李贽自回龙湖后，仿佛真要当一个规规矩矩的大和尚。也许他确实下过这样的决心。还在武昌准备回龙湖时，他就对大家打了招呼：“我回，只主张众人念佛，专修西方，不许一个闲说嘴。”芝佛上院的佛殿与塔屋落成后，他又着手整顿院规。

但是，李贽永远不能成为一位好和尚，更不能成为一位好长老。一颗躁动不安的心，使他不能息机忘世；狂放不羁孩童似的任性，使他不能敛锋随缘。

辉煌的佛殿落成后，闲步廊下，观赏诸佛菩萨及韦驮尊者像。他忽然冒出一个调皮念头：把孔夫子也请到这里来。这里既有佛菩萨，又有道教的土地、司命二神塑像以及关大圣小像，为何不把孔

1　鄢烈山、朱健国：《李贽传》，时事出版社 2000 年版。

夫子也请来，凑它个三教同堂呢？虽然孔夫子一向是在文庙与学堂享祭的，请他住进释迦牟尼殿宇也算瞧得起他了。他可不管有无先例，不管什么“名相施设”淆滥与否。

他在芝佛上院供上孔子像，又忍不住作了《题孔子像于芝佛院》，以表达自己的用心。文曰：

> 人皆以孔子为大圣，吾亦以为大圣；皆以老、佛为异端，吾亦以为异端。人人非真知大圣与异端也，以所闻于父师之教者熟也。父师非真知大圣与异端也，以所闻于儒先之教者熟也。儒先亦非真知大圣与异端也，以孔子有是言也；其曰“圣则吾不能”，是居谦也；其曰“攻乎异端”，是必为老与佛也。
>
> 儒先臆度而言之，父师沿袭而诵之，小子矇聋而听之。万口一词，不可破也；千年一律不自知也。不曰“徒诵其言”，而曰“已知其人”；不曰“强不知以为知”，而曰“知之为知之”。至今日，虽有目，无所用矣。
>
> 余何人也，敢谓有目？亦“从众”耳。既从众而圣之，亦从众而事之，是故“吾从众”事孔子于芝佛之院。

题文很“谦虚”地承认，自己并非对孔子心悦诚服而敬其为大圣，只是人云亦云，随大流而盲目崇拜罢了。这便是大不敬之辞。

真正从众的人，是不会承认自己如矮子观场随人说媸妍，如守夜之狗吠影吠声，只是从众的。李贽在借己讽人。这正是他不肯从众的表现。

李贽笔下的“儒先”（儒家先贤）是一帮愚而自用的家伙。他们并不真知大圣与异端，却凭臆度一口咬定孔子是大圣人，孔子说自己不能称圣并非出于自知之明而是谦逊；一口咬定佛、老就是孔子说的“攻乎异端”之“异端”，虽然孔子还不知道西方有个释迦牟尼。这帮一知半解自以为是的“儒先”，垄断了思想的权利、解释的权利，垄断教育，垄断舆论，于是使天下人尽如矇如聋。

虽是游戏笔墨，愤慨之情却充溢字里行间拂之不去。万口一词，陈陈相因，千年一律，使天下人之心目废盲无用；虽有一二目幸或未盲，也不敢违定论逆众见而道明真相！莫非孔子就只配给愚妄之众当圣人？这样的圣人有什么可敬重的呢？让他不伦不类地待在佛堂里，不算辱没了他。

与《题孔子像于芝佛院》异曲同工，李贽还作了一篇《赞刘谐》：“有一道学，高屐大履，长袖阔带，纲常之冠，人伦之衣（这是一幅“写意”的“行乐图”，虽非真有如此衣、冠，但以纲常人伦为服饰而掩羞炫美者比比皆是），拾纸墨之一二，窃唇吻之三四，自谓真仲尼之徒焉。时遇刘谐。刘谐者，聪明士（麻城真有个叫刘谐的人，是隆庆年间进士，做过县令，但亦不必坐实），见而哂曰：“是未知我仲尼兄也。”其人勃然作色而起曰：“天不生仲尼，万古如长夜！子何人者，敢呼仲尼而兄之？”刘谐曰：“怪得（伏）羲皇以上圣人尽日燃纸烛而行也！”其人默默然而止。然安知其言之至（深刻透彻）哉！

“李生闻而善，曰：‘斯言也，简而当，约而有余（味），可以破疑网而昭中天矣。其言如此，其人可知也。盖虽出于一时调笑之语，然其至者百世不能易。”

自韩愈创孔孟道统说，一些自以为是的“儒先”便以道统继承人自居。到南宋朱熹时，一帮道学家便“三三两两，附耳而语，有同告密；画界而立，一似结坛，尽绝一世之人于门外，而谓二千年之君子皆盲眼，不可点洗，二千年之天地日月若有若无，世界皆是利欲，斯道之不绝者仅如缕耳”。陈亮与朱熹辩论时，曾对这伙人加以痛斥：“今不欲天地清明，赫日长在；只是这些子殄灭不得者，便以为古今秘宝；因吾眼之偶开，便以为得不传之绝学……这些好说话，且与留着妆景足矣！”陈亮驳斥的是“道统论”，揭露的是借把孔孟之道神圣化、神秘化而自欺欺世的“伪道学”。李贽更进一步，来它个釜底抽薪，根本不承认孔孟之道有什么神圣的权威；孔子也不是什么“至圣先师”，而是人人可得而“兄”之的“平辈”。

刘谐（实即李贽）没有像陈亮那样长篇大论驳斥朱熹“天不生仲尼，万古如长夜”的谬论，而是一语破的，嘲笑了神化仲尼兄的荒谬可笑。道学家以及所有的孔孟之徒都是崇古尚古的，认定世道越古越好。而上古时代并无仲尼其人，那时候的人是怎么过日子的呢？他们难以自圆其说。可见，仲尼兄并不是少不得的太阳。没有太阳，人间会沦为黑暗统治的长夜；没有至圣先师，太阳照样升起！

就凭《题孔子像于芝佛院》和《赞刘谐》，后来给李贽定“非圣无法”、“狂诞悖戾”的罪名，就不算冤枉了。问题只在于前提能否成立：蔑视圣贤——钦定的思想权威，该不该算犯罪？

恩格斯在发挥黑格尔的观点时说：“每一种新的进步都必然表现为对某一神圣事物的亵渎，表现为对陈旧的、日渐衰亡的，但为习惯所崇奉的秩序的叛逆。”这么看来，李贽的亵渎孔圣人是无罪的。可惜，这个辩护要到他死后几百年才在欧洲成立。

【诗歌】

不灰心[1]

[德]尼采

钱春绮 译

在你立足处深挖下去！
就会有泉水涌出！
别管蒙昧者们叫嚷：
下面永远是——地狱！

1 [德]尼采：《尼采诗歌精选》，钱春绮译，北岳文艺出版社2010年版。

理想

第十六

【经典论述】

我从来不把安逸和享乐看作生活目的本身——我把这种伦理基础叫作猪栏的理想。

——爱因斯坦[1]

一个准科学公式："现实" - "梦想" = "禽兽"。

——林语堂[2]

1　许良英等编译：《爱因斯坦文集》第三卷，商务印书馆 1979 年版，第 43 页。
2　林语堂：《生活的艺术》，华艺出版社 2001 年版，第 5 页。

【故事】

玻利瓦尔的最后一句话[1]

[秘鲁] 里卡多·帕尔玛[2]
白凤森 译

这一幕发生在一八三〇年十二月的一天下午，“圣佩德罗·亚历杭德里诺”庄园[3]。

房子宽大的门廊里，一个面容憔悴的人坐在一张大皮椅上，持续不断的低沉咳嗽使他不时地抽搐。医生，一位博学的欧洲人，不时地给他一剂镇静药；一言不发、面带忧愁地在大厅中踱步的两位年迈军人，不时走到门廊去照看。

那已不是病人，而是一个垂死的人，然而，是一个声名不朽的垂死者。

一阵剧烈的咳嗽过后，病人陷入沉思，过了几分钟，用非常微弱的声音说：

“大夫，你知道在我感到即将进入坟墓的时候，使我痛苦的是什么吗？”

“不知道，我的将军。”

1　范晔主编：《镜中的孤独迷宫》，白凤森等人译，中国华侨出版社2008年版。玻利瓦尔（1783—1830），出生于委内瑞拉，是拉丁美洲的解放者。

2　里卡多·帕尔玛（1833—1919），秘鲁作家。

3　此庄园位于哥伦比亚圣马尔塔港。

“就是想到我可能是在流沙上建塔，在海水中耕耘。”

他从心灵最深处发出一声长叹，又陷入了沉思。

过了好长一会儿，他脸上掠过一丝非常凄惨的笑容，从容不迫地说：

“大夫，你猜不出世界上三个最大的蠢人是谁吗？”

“真是猜不出，我的将军。”

“大夫，你过来……我趴在耳朵上告诉你……三个最大的蠢人就是耶稣基督、堂吉诃德……和我。”

【诗歌】

点灯[1]

西渡

把灯点到石头里
骨头是灯芯
肉体是灰烬
把灯点到谷仓里
把灯点到秋天的果实里
那里诞生中的黑暗
是种子的黑暗
把灯点到水中
把灯点到不安的睡眠中
那里蓝色的鲸鱼
是一盏巨大的灯，而梦
是睡眠的灯
把灯点到梦中去！那里
梦是怀着鲸鱼的
石头，灯是起伏的海

1 西渡：《雪景中的柏拉图》，文化艺术出版社 1998 年版。

祖国

第十七

【经典论述】

我们爱国是为爱世界人类，是尽我们一部分发展世界事业的责任。

——宗白华[1]

国家存在的目的只是为了增进、保护人在此生中的平凡的幸福——丈夫和妻子能够在火炉边聊天，三两个朋友能够在酒吧玩飞镖，一个人能够在自己的房间里看书或在自己的花园里掘地，这就是国家存在的目的。国家倘若不能帮助增添、延长、保护这样的时刻，谈法律、议会、军队、法庭、警察、经济等等都是在浪费时间。

——C.S. 刘易斯[2]

1 宗白华：《宗白华全集》第 1 卷，安徽教育出版社 1994 年版，第 57 页。
2 ［英］C. S. 刘易斯：《返璞归真》，汪咏梅译，华东师范大学出版社 2007 年版，第 194 页。

【故事】

答田岛书[1]

张问德

编者按：1942年夏，日军铁蹄逼近腾冲，城中军政官吏闻风丧胆，弃城而逃，遂使边地名城不战而陷敌手。时张问德已年过花甲，临危受命出任“县已不县”的腾冲县长，不顾一切地投入保家卫国的艰苦征程。1943年8月31日，在腾冲抗日最艰苦的时候，日军腾越行政班本部长田岛致函张问德，企图软化诱降。张问德写下了当世名檄——《答田岛书》，在全国引起强烈反响。他被陈诚誉为全国沦陷区五百多个县长中的“人杰楷模”，被蒋介石誉为“富有正气的读书人”。1944年5月，中国远征军打响了腾冲反攻战。日军在败退前，将所有粮库的6000多万斤粮食全部烧毁。又是张问德动员上万民夫，越过高黎贡山，跨过怒江，运粮供应部队。腾冲城光复后数天，张问德挂职而去，只留下一片丹心。

1 腾冲县政协文史资料编辑委员会编：《腾冲文史资料选集 第1辑》，德宏民族出版社1987年版。

田岛阁下：

来函以腾冲人民痛苦为言，欲藉会晤长谈而谋解除。苟我中国犹未遭受侵凌，且与日本犹能保持正常国交关系时，是余必将予以同情之考虑，然事态之演变已使余将予以同情考虑之基础扫除无余。诚如阁下来书所言，腾冲士循民良，风俗醇厚，实西南第一乐园，大足有为之乡。然自事态演变以来，腾冲人民死于枪刺之下，暴尸露骨于荒野者已逾二千人，房屋毁于兵火者已逾五万幢，骡马遗失达五千匹，谷物损失达百万石，财产被劫掠者近五十亿。遂使人民父失其子，妻失其夫，居则无以遮蔽风雨，行则无以图谋生活，啼饥号寒，坐以待毙；甚至为阁下及其同僚之所奴役，横被鞭笞；或已被送往密支那行将充当炮灰。而尤使余不忍言者，则为妇女遭受污辱之一事。凡此均属腾冲人民之痛苦，均系阁下及其同僚所赐予，均属罪行。由于人民之尊严生命，余仅能对此种罪行予以诅咒，而对遭受痛苦之人民予以衷心之同情。阁下既欲解除腾冲人民之痛苦，余虽不知道阁下解除之计划究将何如，然以余为中国之一公民，且为腾冲地方政府之一官吏，由于余之责任与良心，对于阁下所将提出之任何计划，均无考虑之必要与可能。然余愿使阁下解除腾冲人民痛苦之善意能以伸张，则余所能贡献于阁下者，仅有请阁下及其同僚全部返东京。一如阁下所要求于今日者，余不谈任何军事问题，亦不带携有武器之兵卫，以为与阁下及其同僚相会晤，以致谢腾冲人民痛苦之解除，且必将前往靖国神社，为在腾冲战死之近万日本官兵祈求冥福，并愿在上者苍苍赦其罪行。苟腾冲依然为阁下及其同僚所盘踞，所有罪行依然继续发生，余仅能竭其精力以尽其责任，他日阁下对腾冲将不复有循良醇厚之感，由于道德及正义之压力，将使阁下及其同僚终有一日屈服于余及我腾冲人民之前。故余拒绝阁下所要求择地会晤以作长谈，而将从事于人类之尊严、生命更为有益之事，痛苦之腾冲人民将深切明了彼等应如何动作，以解除其自身所遭受之痛苦。故余关切于阁下即将到来之悲惨末日命运，特敢要求阁下作缜密之长思。

大中华民国云南省腾冲县县长

大中华民国三十二年癸未九月十二日

附：日军腾越行政班本部长田岛寿嗣在 1943 年 8 月 31 日腾北大扫荡前诱降张问德的信件

崇仁县长勋鉴：

久钦教范，觌晤无缘。引领北望，倍增神驰。

启者：岛此次捧檄来腾，职司行政，深羡此地之民殷物阜，气象雍和。虽经事变之来，而士循民良，风俗醇美之美德依然俱在，诚西南第一乐园，大足有为之乡也。惟以军事未靖，流亡未集，交通梗阻，生活高昂。彼此若不谋进展方法，坐视不为之所固，将来此间之不利，其在贵境，亦未见为幸福，徒重困双方人民，饥寒冻馁，坐以待毙而已，有何益哉?

职是之故，岛甚愿与台端择地相晤，作一度长日聚谈，共同解决双方民生之困难问题，台端其有意乎？如不我遐弃，而表示同情，则岛兹先拟出会晤办法数事，征求台端同意解决。

一、会晤地点定在小西乡董官村之董氏宗祠；二、谈话范围，绝不许有一语涉及双方之军事问题；三、为保证第二项之确实起见，双方可用监事员一人在场参加谈话。

右列三事，若台端具有同情，予以同意时，请先期示复。会集日期可由台端决定示知，以便岛先时候驾。至台端到达此本境以后，生命名誉之安全，由岛负完全责任。最妥请不带兵卫，不携武器为好。如万一必须带武装兵士侍卫时，亦无有不可，则兵数若干，枪械子弹若干，请预先示知，以免发生误会。

总之，兹事双方系以诚恳信义为前提，请不须少有疑虑。岛平生为人，百无一长，惟不欺不诈、推诚接物八字，则常用以自励。凡事只要出岛之中心乐从而出诸口者，虽刀锯在后，鼎镬在前，亦决不至有一字之改移。苍苍在上，言出至诚，台端其有意乎？临颖神驰，不胜依依，并盼回玉。

大日本腾越行政班本部长上

昭和十八年八月三十一日

【诗歌】

他效命于远离文化中心的野地[1]

[英] 奥登[2]

屠岸 译

他效命于远离文化中心的野地：
被他的将军和他的虱子所遗弃，
在棉袄覆盖下他合上一双眼皮，
永远消逝了。有一天这场战役

被编成史书，不会写他半个字；
他脑子带去的不会是重要的知识；
他开的玩笑发了霉；他麻木，像战时；
他的姓名和形貌已永远消失。

1 屠岸选译：《英国历代诗歌选》（下），译林出版社 2007 年版。

2 奥登（1907—1973），英国诗人。1938年奥登访问中国，到徐州前线参观，此诗写于此时。诗中写的是一个抗日阵亡的普通中国士兵。

他不懂、不选择行善，却教了我们
像个逗号增添了含意：他化为
中国的泥土，使我们的女儿能够

理直气壮地热爱这大地；不再受
恶狗的欺凌侮辱；更使得有水
有山有房屋的地方也能够有人。

自然

第十八

【经典论述】

人法地，地法天，天法道，道法自然。

——老子[1]

有一次，我在村中园子里锄地，一只麻雀飞来停落到我肩上，待了一忽儿，当时我觉得，佩戴任何的肩章都比不上我这一次光荣。

——梭罗[2]

1　选自《老子·第二十五章》。
2　［美］梭罗：《瓦尔登湖》，徐迟译，上海译文出版社 1997 年版，第 255 页。

【故 事】

轮机手讲的故事[1]

［苏联］维·比安基[2]
沈念驹 译

我还是个孩子的时候曾经想过：要是能到一个国家，那里，无论飞禽还是走兽，见我都不怕，那该多有趣啊。譬如说，一只兔子在奔跑。我向它喊过去："小兔子，站住！"它真的站住了。我抚弄了它一会儿，说："好，继续赶你的路吧！"

要是碰上一条狼……我也喊过去："去你的，滚开！"它拔腿就跑了。我还希望能走到鸟类身边去瞧个仔细。

要不是在那个国家，就是一只小黄雀你也甭想去偷看一下，尽管你离它有二十来步远，而且是透过树叶的浓荫——它也不会让你靠近的。不要说黄雀了，就是别人家里的猫，你在上楼梯的时候摸它一下也不行：它马上背一弓，尾巴一翘，龇牙咧嘴地发起怒来——"夫，夫！"——一溜烟儿逃到顶间里去了……假如你在森林里行走，那里仿佛什么动物也没有——见到你都躲起来了。有一次，我见到一只小松鼠——而且只见到它的尾巴。说不定还不是松鼠的尾巴呢。

1 ［苏联］维·比安基：《比安基动物小说》，沈念驹译，人民文学出版社2008年版。
2 维·比安基（1890—1959），苏联科普作家、儿童作家。

我问过大人，野兽允许人接近它的地方到底有没有？大人们只是笑我，还对我说蠢话："有哇，你拿一把盐往兔子尾巴上一撒，它就让你靠近了。"

我当时真委屈啊！长大以后我还没有忘记那件受委屈的事儿，当然，把兔子引到自己身边来的念头已经没有了。我成了水手，在船上当轮机手。我一度在一艘捕鲸船上工作。

鲸鱼见了我们当然没命地逃跑，所以我们要用炮去打。炮里射出的是铁球。球的前部装着矛头，叫鱼镖。鱼镖和船之间拴一条绳子。

但是我不爱看这种场面，并且也没有什么好看的：上面是天，下面是水，水里都是冰。我们总是在寒冷的地带漂洋过海。

一次遇到了风暴。我们被刮到了一个地方。我还是坐在机器旁边，也不去打听我们漂到了什么地方。

我忽然听见好像有人在上面喊：

"陆地！草地，绿色的草地！"

我不相信，于是跳上甲板，一看，他们说得不假：海岸，上面有翠绿的草地，高山，太阳当空照着。大伙很高兴，甚至唱起歌来。

船长停了船，大伙儿请求放他们上岸，去草地上溜达溜达。

我们坐小船到了岸上——马上在草地上跑开了。跑累了，就在草地中间躺下来。

我突然望见——什么？是一样白色的小东西。我微微抬起身子。原来是一只兔子。浑身雪白，一只真正的兔子。

"真好笑！"我想，"绿油油的草，白花花的兔子。我们那里的兔子夏天常是灰的。"

我怕惊动兔子，动也不敢动。

我一看，又有一只跳了出来。一转眼又来了第三只。嘿，不得了！已经十只了。

我僵坐着，坐得累了，于是轻轻动弹了一下。那些兔子望了我一会儿，跳了几步，但并不逃开我，而是向我跳过来！

真是奇迹：我的四周已经有了一百来只兔子了——它们围着我瞧个不停，在它们眼里，我成了一头什么样的新奇野兽啊！

我想怎么动就怎么动，甚至还抽起烟卷儿来。兔子都后腿着地站起来，想更仔仔细细瞧瞧我。

我高兴极了，变得很可笑，竟对兔子说起话来：

"嗨，你们这些小调皮！这到底是真是假？难道兔子真的不怕人吗？好，看我来吓你们一吓！"

那些兔子只是瞧着我，抖动着耳朵。

"看我开枪打你们！"

我是故意说说的：我手里什么枪也没有！

我用手掌一拍，嘴里喊道："噼！啪！"

兔子跳近前来。也许它们正在纳闷儿："看这个怪人儿！"可一只也没有逃开去，反而啃起草来，而且就在我的身边。

现在如果有盐巴的话，我倒真会给每一只兔子的尾巴上撒上一把的。

这时我忽然想到：该回船上去了。

"好，再见了，勇敢的兔子！"

我迈开脚步走了。

我走的时候留心着脚下，以免踢了兔子。

可往哪儿走呢？我们的船在哪儿？在哪一边？我全忘了。

前方是一座座山。我想不妨爬上山去，居高临下，看得见海在哪儿。再从那儿马上下山到海边去，海上有我们的船。

我开始登山。我突然发现：这是什么——是牛蹄的印子？

呵，真多啊！是整整一群牛走过的脚印！

“好啦！”我想，“既然这里有牛群，那么一定有牧人。就是说这里有人居住。我这就去向牧人问个明白，为什么他们的兔子胆子这么大。”

打上牛蹄印子的路越来越窄，可以看出它们已经是鱼贯而行，小道上踩满了蹄痕。那条小道通向一个陡坡。那坡陡极了，我只好手脚并用，攀援而上。我想，连我上去都感到力不从心，牛怎么爬得上去呢？这些牛真怪啊！这里只有山羊才跳得上去。

我终于爬到了山巅，回头望下面真是吓死人。我面前还有一块岩石，我简直不知道怎么爬上去。

我用双手抓住，双脚一蹬，终于肚子着地翻到了岩石上。

总算能歇一歇了！

可怎么歇得成呢？离我十步远的地方竟站着一头长角的大野兽，浑身长满了长毛，一直拖到了地面。腿上长着尖蹄子。它直瞪瞪地望着我。

它望了一会儿，开始向我走来。

我想：“得往后退！”

但往哪儿退呢？如果我从这块岩石上向陡坡跳下去，一定会摔个粉身碎骨。从这里向下一望，头都晕了。

而前方却挡着这头长角的野兽，眼看它的角就要顶过来！……

我简直吓得魂不附体。我害怕得闭了眼：听天由命吧！

我闭眼听到野兽向我走来。已经到跟前了。

我听得见它呼出热气的声音。

我忍不住了，睁开一只眼看，我和它已经鼻尖对鼻尖了！

它鼻孔里吸进一口气，又向一侧把气喷出来。它转过身……静悄悄地走了回去。

我喘了口气：看来，它不想用角来抵我，它改变了主意。

我恢复了精神。我发现这样的野兽有整整一群，大约二十头，就在这山上放牧。它们中间任何一头只要想，随时都可能来抵我，用脚践踏我。但是看样子哪一头也不想进攻我。

我忽然记起来了，这种野兽在画上看到过，我甚至记起了它们的名称。这种野兽叫麝牛。

我翘首四顾，看到牛群的那一方是大海。

我想："不要紧，暂时它们不会来碰我，也许我会发现下山的路，再绕着山走下去。"

然而我一条下山的路也没找到，这时，却听到了船上的汽笛声。这说明他们发现我不在，在催我了。我不在，但谁也不知道我在这座山上。这里没有人烟，我失踪了！

我唯一的出路就是向着牛群走去。唉，顾不了啦，三十六计，走为上计！看我把它们吓跑！

可我自己呢，啊，怕极了！

我大声吆喝起来，那声音不像是我的。我又开始像磨盘似的挥舞着双手打转，在地上跺脚。

全体公牛都回过头来看我。它们把牛犊和母牛挤到中间，自己站成一圈，双角一致向外。

我马上缓和下来，甚至在地上坐了下来。那些公牛站了好一会儿，看到我什么也不做，又开始继续吃草了。

可汽笛在声声催叫！

我快要哭了。我脱下制帽，开始向牛群说话——反正旁边一个人也没有，所以不用害臊。

我说：

“你们听着，我老实告诉你们，我得回船上去！你们哪一头我也不会来伤害的。但是对不起，请别用角来抵我，别吃了我！……我只是想从你们中间走过去，真的。”

公牛看我说话，没有反应。

我迈开步子径直向牛群走去。我又说起来：

“亲爱的牛，我真的只不过是想……我是赶回船上去的。”

我甚至伸手摸了一头牛。

后来我必须从两头牛中间挤过去。这时我胆子已经大了些：

“真的，请让让路！要不，走也不是，骑也不是！”

再往前看，有一头牛正好躺着挡住了我的去路。

我叫喊起来：

“喂，站起来！”

这头该死的东西就是躺着，连耳朵也不动一下。

“喂，你站起来！”

我走近用脚在它肚子底下踢了一下。

咳，它的毛可真长，我的靴子都没了进去，像陷进干草堆里一样！

那头牛毫不在乎，只“哞”了一声，像家牛一样慢吞吞地跪起腿站了起来，不太乐意地走到了一边。我又用手掌推了它一下。

我穿过牛群，走下山以后，沿山谷飞奔起来——得赶紧到达海边！船上的汽笛已经在忐忑不安地鸣叫了。

我飞起两条腿拼命地跑。我还在想，这些样子可怕的牛，身上的毛好长啊！如果把它们的毛像羊一样剃掉，原不过是跟山羊差不多的小兽而已。现在明白了，它们之所以爬得上这么陡的坡，是因为蹄子很尖。

我忽然又发现：那是什么？两只狗。

不，哪来的狗呢——分明是狼！地地道道的北极狼。这些东西我可认识。我从轮船上望见已经不止一次了。

它们向我奔来，嗅着地面，但没有看见我。

风是从它们那里吹过来的，所以我身上的人味儿传不到它们那里。它们没发觉我，所以还是瞅着地面继续跑。

我蓦地站住了，一动也不动——也许它们不会发现我，就从旁边跑过去。

它们离我越来越近了。

可就在这时候，你们知道发生了什么？一只讨厌的小苍蝇在我的鼻子上停了下来。

我连手也不敢动弹一下——当狼要来吃掉我的时候，哪还顾得上苍蝇！但是这坏东西却自由自在地在鼻子上游荡，而且钻到了我的鼻孔里。

这下糟了。

它在我鼻子里不住地搔弄，弄得我打了个喷嚏——“啊——嚏！”这个喷嚏我是用尽平生力气打出来的。

狼站住了。它们迅速地看了我一眼……但是拔起腿就逃了。不过我还是看见了它们。

我又向前走，很快到了岸边。大伙儿已经在小船里等我，轮船在骂我——当然是用汽笛。

到了船上我问船长：

“这是什么地方？……”

“格陵兰的东海岸。”船长回答。

“唔，这样，”我说，“这是个什么国家？您看，一切都相反：兔子只差点没自动跳进你的怀里来，野牛就是拿劈柴去赶它也不打紧，狼听到人一声喷嚏，就像听到了大炮响一样，吓得落荒而逃！”

我心里想：“这不是和我小时候想的一样，往兔子尾巴上撒盐巴吗？”

船长微微笑了笑。

“这个么，”他说，“是因为这里没有人，也不曾有过人。兔子和麝牛压根儿没见过人，所以就不怕人。”

“可为什么狼就怕人呢？”我问。

“狼是不久前才迁来的。它们是从美洲由冰上走过来的。它们很清楚，什么是人。也懂得他手里的工具——猎枪是个什么玩意儿。它们不想和人打交道。”

这就是船长对我说的。我想他说的是对的。

1934年

【诗 歌】

我不相信[1]

[苏联] 雅申[2]

黎华 译

我不相信，野兽不会说话，
鸣禽不能思索，
狡猾的狐狸只有直觉，
蜜蜂不懂得辛勤劳作。

请试试独自钻进小树林里，
躲到针叶茂密的树荫
并倾听周围喧腾的生活，
抛掉陈年世俗的偏见，——
这样，你心中的傲气将会一扫而空。
激动和羞怯会骤然把你围袭。

1 黎华选编：《外国哲理诗精选》，百花文艺出版社 1991 年版。
2 雅申（1913—1968），苏联诗人。

万物之王是否应当
把世间所有的生灵划分
高贵低贱，三六九等？
有时君主也智匮才尽，
或许这一切皆系相对而言？

不应该高傲——
无论风云伟人，还是聪慧贤哲。
在郁郁松林，在袅袅桦丛
生活的希望是那样五彩缤纷，
我，一个强者，唯愿
更其善良、纯朴，更富人性。

站在自己的山头我们不可能观览万象，
尚待发现的奇迹还有不少，
我担心，自命不凡会妨碍我们
理解另一类世界的奥妙。

自由

第十九

【经典论述】

人是生而自由的，但却无往不在枷锁之中。

——卢梭[1]

自由个人的发展，乃完善社会的发展之第一条件。

——室利阿罗频多[2]

由于相互牵制，人人都不能按自己所认可的准则行事。这是十分有利的，因为如果任其为所欲为，就无法对付植根于每一个人内心深处的卑恶。

——亚里士多德[3]

1 ［法］卢梭：《社会契约论》，何兆武译，商务印书馆 2006 年版，第 4 页。

2 ［印度］室利阿罗频多：《周天集》，徐梵澄译，生活·读书·新知三联书店 1998 年版，第 47 页。

3 选自《亚里士多德选集（政治学卷）》，颜一、秦典华译，中国人民大学出版社 1999 年版，第 221 页。

【故事】

阿庆基“造反”[1]

[芬兰] 本蒂·韩佩[2]
王家骥 译

一条板凳安放在路旁，只要行人累了，就可坐下来休息。累了！是的，难道这还有什么奇怪的吗？一个人在七十年岁月里要跨出多少步子啊——短的、长的、急的、慢的。板凳被发明和制造出来正是为了人们能够坐它。或许这条板凳还有别的目的，因为冷饮亭就在它的旁边……

托比亚斯·阿庆基多次感到奇怪，这条板凳看来完全是条普普通通的板凳，人们仅仅是在散步途中想让腿脚歇上一歇时，才意识到它的存在。

托比亚斯·阿庆基坐在板凳上，他的头发斑白，但精神却很矍铄，他用大拇指托着烟斗，完全沉浸在往事的回忆之中。没过多久，越来越近的歌声唤醒了他，立刻使他想起，现在是生活在动乱时期。罢工、骚乱……打吧！吵吧！有的是理由……可是这么干难道有助于问题的解决吗？如果像被拴着鼻子的小牛犊那样发疯似的挣扎，能行吗？托比亚斯·阿庆基已经七十岁了，现在世道是不是变了？

1 选自《译林》1983年第2期。
2 本蒂·韩佩（1905—1955），芬兰作家。

也许是吧，也许人们的眼界有所不同，可是生活是不是好过些了？嗯，他们应当尽可能过得更好些。这就有足够理由去进行斗争……

他听见一个过路人说，罢工工人在游行示威。

游行示威吧！他——托比亚斯·阿庆基，已上了年纪，只能坐在板凳上观望。在这种时期，作为一个旁观者也实在有趣得很！

游行队伍过来了，人不少，除了两旁土路，整个街道都挤满了人。

他们唱的歌中有激烈的词句："法律骗人，政府压人。"

"到了明天，普天之下皆兄弟……"

游行队伍过去了，托比亚斯·阿庆基朦胧地感觉到，他们在按照自己的愿望，向着遥远的未来走去……他们在前进，先头部队消失在转弯处的建筑物后面。后来那里发生了阻塞，尽管后面的队伍还在前进，突然"砰"的一声枪响，划破了夏末晴朗的天空。托比亚斯·阿庆基被子弹的呼啸声惊呆了。这似乎是不应该的……然而后来他还是平静下来，觉得自己反正是坐在板凳上的旁观者。

游行队伍一下子散了，犹如受到旋风袭击似的扬起了满天尘土，人们掉转头纷纷跑了。托比亚斯·阿庆基看到警察握着步枪和皮鞭在紧紧追赶着人群。刺耳的枪声继续响着，皮鞭抽在了跑得慢的和摔倒了的人身上……

接着，托比亚斯·阿庆基看见一个跑近的警察扬着鞭，正在寻找示威的人，可是游行示威者都跑散了。这时，警察突然发现坐在板凳上发呆的托比亚斯·阿庆基。

"你放什么哨？"警察大喝一声。

托比亚斯·阿庆基只张了张嘴，还没来得及解释自己仅仅是坐在板凳上休息的旁观者，皮鞭已抽到了他的身上。他发现自己陷入了不可解脱的困境，不禁顿时火冒三丈。这怎么可能呢！要知道他只不过坐在板凳上……可是愤怒只是再次招致皮鞭的抽打，托比亚斯·阿庆基只得拔起僵硬的大腿一逃了之。

但事情并没有完结，他确实陷入了解脱不了的困境。不久，他被捕了。受讯、受审，最后被带到被告席上受到了“参与造反罪”的控告。

托比亚斯·阿庆基怎么也不能理解，他仅仅是在板凳上坐一会儿而已。而这条板凳看来完全是条普普通通的板凳……他对警察咆哮起来，他怎么也难以接受警察的指控，他难道会热昏了头脑干下这等事！可怜虫……怎么会想得出来：他是狡猾地假装坐在板凳上，企图逃过劫难，实际上是个瞭望放哨的人，或者是工运首脑……

警察就是认定他有罪，一口咬定：你身上有紫血块，你挨了打，你就是参与了造反……

托比亚斯·阿庆基搔了搔头皮，觉悟过来：也许世界上从来就没有为旁观者准备的板凳！

【诗 歌】

往时自由神坐在高山上[1]

[英] 丁尼生[2]

黄杲炘 译

往时自由神坐在高山上，
　　惊雷声炸开在她的脚底；
她头上颤动着星斗之光，
　　她听见湍流在相激。

她在那位置上满腔高兴，
　　力量积聚在远大的胸怀；
她洪亮的嗓音只有几声
　　隆隆地在风中传来。

她下山穿过城市和乡村，
　　为了要掺和在人类中间；

1 丁尼生：《丁尼生诗选》，黄杲炘译，上海译文出版社 1995 年版。
2 丁尼生（1809—1892），英国诗人。

人们一部分接着一部分
　　看见了她整个的脸。

这壮丽事业的庄严母亲
　　从她的祭坛之岛上俯望；
她手执三叉戟像是海神，
　　头带着冠冕像女王。

她睁大着眼睛要看真理，
　　两眼中含着千年的智慧；
愿青春永远留驻她眼里，
　　让目光永不沾泪水。

愿她的英姿屹立放光焰，
　　照亮我们的理想和时世；
她侧眼冷对谬误的极端，
　　丰唇边流露出蔑视。

平等

第二十

【经典论述】

皇帝，君主，匠人，农民，大人物，小人物：我们这些人在心底里都是类似的，都是相同的，大伙在骨子里都是一个模样，只要剥去我们的衣服，谁也没法再分辨出我们究竟是哪一个。

——马克 · 吐温[1]

社会公正要求法律得到统一的维护，而不是根据财富、肤色、人种、背景、职位、地位等做出歧视性的区别。持平的公正需要平等、明确的执法。

——马克 · 图尔[2]

1 ［美］马克·吐温：《马克·吐温十九卷集》第三卷，《中短篇故事全集》（下），叶冬心等译，河北教育出版社 2002 年版，第 199 页。

2 ［美］马克·图尔：《自由抉择的经济：政治经济学的规范理论》，方敏译，华夏出版社 2012 年版，第 326 页。

【故事】

奥普京修道院之行[1]（节选）

［俄］阿尔布佐夫
冯连驸 张韵婕 等译

一八七八年六月三十日，列夫·尼古拉耶维奇对我说：

“明天我们到奥普京修道院去祷告上帝。”

我回答说，我很高兴去。

“那么你今天晚上就把我在路上要用的东西准备好；我们要去一个多星期。”

我到他的书房，从五斗橱里挑出他的内衣，伯爵夫人坐下来缝背包；然后我回到自己的住处到妻子那儿通知她，这件事使她很高兴，因为我们俩从来没去过任何修道院，而这次虽然是我去，也很好。我拿了路上需要的东西就回到伯爵家。第二天我起得很早，七点钟伯爵也起来了，等着是否很快就给我们把树皮鞋拿来，这是在村里一个农民那里按我们脚的尺码定制的。九点钟送来了树皮鞋，我拿给列夫·尼古拉耶维奇，问他现在就穿，还是穿靴子走到克拉皮夫纳市。列夫·尼古拉耶维奇决定现在就穿上树皮鞋，并吩咐付给农民三十戈比作为两双树皮鞋的工钱。伯爵夫人拿着用普通粗麻

1 ［俄］阿尔布佐夫：《列·尼·托尔斯泰伯爵的一个旧仆的回忆录》，载冯连驸、张韵婕等译：《同时代人回忆托尔斯泰》（上册），上海译文出版社1984年版，第425—431页，第441—443页。

布缝制的背包也到书房里来了；伯爵在我的帮助下按农民穿树皮鞋的一切规矩，裹着包脚布穿上了树皮鞋，并用细绳子在脚上把包脚布扎好；我比他先穿好。然后把装着物品的背包给我们背到肩上；伯爵的背包里装着睡衣、两双袜子、两条毛巾、几条手帕、两件粗麻布短上衣、一条被单、一个小枕头和一双皮靴。列夫·尼古拉耶维奇给我二十卢布作为路上开销，至于他自己随身带了多少钱，我不知道。在路上碰到乞丐时，我必须给他们十至十五戈比。

上路的一切事情全都准备就绪。列夫·尼古拉耶维奇穿着普通的白色长衣和白色短衫，我穿粗麻布短上衣。中午十一点钟，伯爵和他的全家告别，我们就沿着房子左面的老椴树的林荫路，在库兹明斯基（达吉雅娜·安德烈耶夫娜·库兹明斯卡娅是我们伯爵夫人的亲姐妹）一家住的第二栋房子旁边上了路。我们经过古老的林荫路，走过古老的大花园，从打谷场旁边走过，从不知为什么叫作“扎卡兹”的森林边上通过。在离家两俄里的地方森林到了尽头；我们在田里走，下了坡，穿过叫作“科恰克”的草地；向自家的利莫诺夫森林的方向慢慢走去，因为是上坡路。

当我们走到护林人亚历山大的小屋时，一只狗向我们扑来。护林人见伯爵这身打扮非常惊讶，问我们到哪儿去；我满足了他的好奇心。我们继续往前走。伯爵对我说，第一天应当走得慢些，第二天走快些。

穿过利莫诺夫森林以后，我们路经克雷里措沃田野，走进克雷里措沃村。房屋跟前站着一些庄稼汉；有些人认出了我们，向我们致意，而有的没认出这个香客是伯爵，虽然他们每年都在雅斯纳雅·波良纳割草，这期间每个农民都能见到伯爵。我们继续往坡上走，便看见农妇们在路边的小草地上用力铺开用灰漂白过、用河里清水洗净的粗麻布；当我们从她们跟前经过时，农妇们欢迎伯爵说："您好，老爷爷。"

我们经过戈洛文基村；在这里我们见到的人很少，只是在村头上一个四十来岁的妇女在走路，像个独院的女地主，穿着一件深色的印花布连衫裙，挑着一担水。她和我们打了招呼之后问我们到哪儿去，是不是去祈祷。伯爵回答说是。她问我们到哪个修道院去，伯爵说我们去奥普京修道院。

"你想必是要永远留在修道院里吧？"

"不知道，也可能，"伯爵回答说。

"是啊，你嘛，他们可能收的，他，"她指着我，"不会收的。"

我们经过戈洛文基村，即走了十五俄里左右，开始感到两腿疲乏，因为我们一直走路，没有休息过。我们看见前面有一片小桦树林，于是伯爵说，我们到那片树林里坐下歇一歇。伯爵在林边坐下来，而我在树荫下面坐下，脱下树皮鞋，整整好又穿上。伯爵对我说：

"这回你的鞋穿得多舒适，还在脚底下放了几绺干草。"

"是的，这回好啦，"我回答说，"先前绳子磨得两只脚都痛，因为包脚布很薄；农民的包脚布是厚的，绳子系在上面不勒脚，我们走路厚包脚布不方便，因为两脚会发热。"

这时道上走来一个农民，当他走到我们跟前时，伯爵问他是从哪儿来的。

"是从尤利耶夫卡村来的。"

"那么你到哪儿去呢？"

"到戈洛文基村的场地去。"

伯爵请他和我们一块儿坐下；他同意了，并问我们到哪儿去。

“到奥普京修道院去，”伯爵回答，并问两俄里左右以外是谁的庄园。

“这是已去世的谢林的庄园。”

“现在谁经管这个庄园？”

“现在这里有个管事，还有死者的儿子住在这里的领地上，可是他完全是个疯人，从来不出家门，有仆人照看他。尤利耶夫卡这块领地是属于他的，他的兄弟分到克拉皮夫纳后面的拉皮诺村。他们是在父母死后分家的。”

“这位谢林在农奴制时代对自己的农民们好吗？”列夫·尼古拉耶维奇问道，“你多大年纪？”

“多大岁数？五十来岁，不会再大。”

“那么你清楚地记得那个时代的情形啰？”

“我怎么会不记得呢，当时我已经缴赋役和服徭役了。老兄，你听我说：他很少在马棚里抽打我们农民，打我们比较厉害的是村长或管家，车夫、听差和厨子时常在马棚里遭毒打。”

“是啊，他死后给自己留下这样的名声很不好。”

“好吧，再见，”农民站起来说道，“上帝保佑你们一路平安。你们自己是哪儿来的？”

我说，从离土拉不远的地方来。农民就走了。休息好之后，我们很快也上路了。在我们路过的地方有个谢利万诺沃村，正如伯爵说的，我们要在那里喝茶、吃晚饭和过夜。在树林里休息时我劝伯爵吃点东西，但是他拒绝了，说我们最好是到了地方再吃晚饭；而我的肚子可有点空了。

我们走近斯巴斯克耶村时，列夫·尼古拉耶维奇指给我看一所地主的小房子，这是索菲娅·安德烈耶夫娜的表姐妹们的房子，她们冬天和夏天在这儿住；我问他是不是到她们那儿过夜，可是伯爵不想到她们那儿去。我们走过斯巴斯克耶村，向索洛瓦河岸走去。路上伯爵问我，路上还有什么村子。

“左面是彼列洛夫基，顺路直走，要经过谢利万诺沃村。彼列洛夫基是伊格纳切夫老爷的，谢利万诺沃从前是地主古里耶夫的，而现在是他的女婿安德烈·伊万诺维奇·莫罗佐夫的。”

“这些你从哪儿知道的？”伯爵问道。

“我怎能不知道！我们的老爷彼得·亚历山大罗维奇·沃耶伊科夫是他们的朋友（本文作者阿尔布佐夫在来雅斯纳雅·波良纳之前，是彼·亚·沃耶伊科夫的农奴），他经常到他们家去，他们也经常到他这里来。而我知道这些村子是因为我母亲住在商人阿斯塔费耶夫家的时候，我到克拉皮夫纳村她（指玛丽娅·阿法纳西耶夫娜·阿尔布佐娃，1863年以前她是地主沃耶伊科夫的女仆。）那儿去时常打这儿走。您看，谢利万诺沃到了。”

“我们到村边上那间小屋里去吧，”伯爵说，“离大路近一点。”

我们走近农舍。一只凶恶的黑狗向我们的脚下扑来，但没有咬人。听到犬吠声，从屋里走出一个老太太，把狗赶到院子里。老太太的头上蒙着一块肮脏的吃饭时用的蓝色抹布，她很瘦，穿着自家织的方格布裙子和白色粗麻布衬衫，赤着脚。

“老太太，让我们在你家借个宿吧。”伯爵对她说。

“老爷，我高兴让香客过夜，可是没有地方睡：敞廊里苍蝇不让人睡觉，又闷热，床我们家又没有。”

“我们不需要床，”伯爵回答说，“老大娘，你给我们拿一捆干草放到穿堂里，我们就在那儿睡觉；只是你家里有没有茶炊、牛奶和鸡蛋？”

“都有，老爷。”

“我们再也不需要什么了。”

“好吧，老爷，如果你们不嫌在穿堂里过夜不好，那就请吧。”

老太太对待我们很随便而且很热情，看来，她喜欢接待香客。应她的邀请，我们走进屋里，解下背包，伯爵脱下长衣，只穿一件粗麻布短衫；我让老妇人生上茶炊，拿一罐牛奶和十个鸡蛋来。伯爵问她家里的人在哪儿。

“老爷，现在他们都在干很重的活：打砖头，盖两间屋子用。”

“你家有几口人？”

“我只有一个儿子，四十五岁了，他有媳妇和一个儿子，即我的小孙子；两个月前，我们给他也娶了媳妇。你看，他们在那里赶牲口，现在家里人就要回来吃晚饭了。”

“老大娘，你的儿子好吗？”

“好，老爷，好，他在我们乡里当过三年乡长。”

“他对农民们好吗？”

“所有农民都喜欢他，他什么事都是秉公处理；只有几个人不喜欢他，到县警察局长那里诬告他，他们坚持要把乡长给他撤掉。现在选了另一个人当乡长，是彼尔洛夫基村的人。”

茶炊准备好了，我从背包里取出从雅斯纳雅·波良纳带来的茶叶和砂糖，沏了茶，把杯子洗净。这时候伯爵在备忘手册上记着什么，老太太站在不远的地方目不转睛地看着我们。

“我现在要洗脸，”伯爵站起来说。“老大娘，哪儿可以洗脸？”

“老乡，到穿堂里的木盆去洗吧；那里的绳子上拴着洗脸盆，里面有水。”

伯爵去洗脸，我打开伯爵的背包，从里面取出毛巾递给他。这时老太太在敞廊里的一个篮子里翻寻什么，从那里拿出一条边上带编织穗子的麻布面巾，拿给伯爵。

“给你，老乡，揩揩吧，这面巾虽不好，却是干净的，我不久前从麻布上剪下来的，你们自己的就不要弄脏了，不然还得在什么地方的河里去洗干净，你们还要走很远的路呢。你们是从哪儿来的呀？”

我们告诉了她，还说我们是到奥普京修道院去的。

“你看，老乡，你们还要走很久。”

……

我们到达别廖夫市附近，下了大车，在与弗拉基米尔神甫告别时，列夫·尼古拉耶维奇请他有什么需要时，随时都可去找他，他无论什么都不会拒绝。我们背上背包，走进别廖夫市。我们在一个普通的小饭馆里喝了茶，吃了鲜鱼汤；然后又继续前进，走得很顺利，傍晚六点钟左右便到达奥普京修道院。晚饭的铃声响了，我们背着背包走进修道院的大食堂；他们不让我们进清洁的饭厅，而叫我们和乞丐坐在一起吃晚饭。我不时地看看伯爵，可是伯爵丝毫不厌恶自己身旁的人，高高兴兴地吃着，还喝了克瓦斯，他很喜欢喝这种克瓦斯。

吃过晚饭，我们到三等旅馆过夜。一个修道士见我们穿着树皮鞋就不给我们开房间，打发我们到公用的大屋子过夜，那里很脏，而且虫子很多。

“老兄，”我对修道士说，“给您一个卢布，不过请您给我们开一个房间。”

他同意了，拨给我们一个房间，可是他说我们得三个人住一个屋子——第三个人是从波尔霍夫县来的一个靴匠。我从背包里取出被单和一个小枕头，在一张长沙发上给伯爵铺好床；靴匠在另一张长沙发上躺下，我就在离伯爵不远的地方给自己打了个地铺。靴匠很快睡着了，鼾声如雷，伯爵吓得跳起来，对我说：

“谢尔盖，把这个人叫醒，请他不要打呼噜。”

我走近沙发，唤醒靴匠，对他说：

“亲爱的，您打呼噜太响了，把我的老人吓坏了；如果有人和他在一个屋里睡觉，而且打呼噜，他就害怕。”

“怎么，请问，为了你的老人，我得一夜不睡觉吗？”

我不知道什么原因，反正在这之后他就不打呼噜了。

第二天我们十点左右起床，喝够了茶。我去做弥撒，伯爵去看修道士们割草、耕地和干手艺活。他穿着长衫和树皮鞋。从一个小书铺旁边经过，他停下来看看书，这时有一个女人请卖书的修道士把福音书拿给她看。

“我们没有价钱便宜的，”卖书的修道士对她说，“你买这本奥普京修道院记述吧，让你儿子看看。”

这时列夫·尼古拉耶维奇买了一本福音书，送给这个女人，让她带给她的儿子，他自己沿着修道院向前走去。

修道士不知怎么很快就知道列夫·尼古拉耶维奇·托尔斯泰伯爵在他们的修道院里。他们便以修士大司祭和阿姆弗罗西神甫的名义找他。他们偶然碰上我，便问我和谁一块儿住在旅馆里。

“你们找谁？”

“找列夫·尼古拉耶维奇伯爵。”

“我是他的家仆。”

他们从我口里打听到伯爵穿着什么衣服以后，就去找他，并请他到修士大司祭和阿姆弗罗西神甫那儿去。伯爵回到我们住的三等旅馆，对我说：

“谢尔盖，既然人家认出了我，也就没有办法了。给我靴子和另一件短衫吧，我换好衣服就到修士大司祭和阿姆弗罗西神甫那儿去。”

【诗歌】

对统计学的贡献[1]

[波兰] 辛波斯卡[2]

陈黎 张芬龄　译

一百人当中：

凡事皆聪明过人者
——五十二人；

步步踌躇者
——几乎其余所有的人；

如果不会费时过久，
乐于伸出援手者
——高达四十九人；

1　辛波斯卡：《万物静默如迷》，陈黎、张芬龄译，湖南文艺出版社 2012 年版。
2　辛波斯卡（1923—2012），波兰女诗人，1996 年诺贝尔文学奖获得者。

始终很佳，
别无例外者
——四，或许五人；

能够不带妒意欣赏他人者
——十八人；

对短暂青春
存有幻觉者
——六十人，容有些许误差；

不容小觑者
——四十四人；

生活在对某人或某事的
持久恐惧中者
——七十七人；

能快乐者
——二十来人；

个体无害，
群体中作恶者
——至少一半的人；

为情势所迫时

行径残酷者
——还是不要知道为妙
即便只是约略的数目；

事后学乖者
比事前明智者
——多不上几个人；

只重物质生活者
——四十人
（但愿我看法有误）；

弯腰驼背喊痛，
黑暗中没有手电筒者
——八十三人
或迟或早；

公正不阿者
——三十五人，为数众多；

公正不阿
又通达情理者
——三人；

值得同情者
——九十九人；

终须一死者
——百分之一百的人。
此一数目迄今未曾改变。

民主

第二十一

【经典论述】

民主的实质：像尊重自己的权利一样尊重他人的权利。

——阿克顿[1]

民主不是有利无弊的制度，但是历史证明，它是不断减少弊端的较好制度。在民主制度之下，发展了近代繁荣：新经济、新科技、新福利、新社会。从神权到君权到民权是一条政权演进的路线，全世界的国家都不由自主地在这条康庄大道上竞走。

——周有光[2]

在一切政治制度之中，民主政制是最适合于训练“讲理”的制度。制度是重要的，可是，制度并非万灵丹。……制度本身像是一个没有生命的网。除了建立民主制度以外，人的品质同样重要。

——殷海光[3]

1 ［英］阿克顿：《自由与权力——阿克顿勋爵论说文集》，侯健、范亚峰译，商务印书馆 2001 年版，第 373 页。

2 周有光：《拾贝集》，世界图书出版公司 2011 年版，第 87 页。

3 殷海光：《中国文化的展望》，中国和平出版社 1988 年版，第 490 页、504 页。

【故事】

地窖的秘密[1]

[法] 吉尔贝·塞斯勃洪[2]
王晓峰　蔡若明　译

国王陛下颁布了一道诏令，宣称他将每月一次亲临一个臣民的家，并在那里进餐。朝廷的反对派就立刻散布舆论，说这种做法是"收买人心"。国王无论干什么，反对派准会发表点攻击性的评论，把国王贬得一钱不值：什么"好大喜功"啊，"怯懦无能"啊，等等，不一而足，向来如此。在他们眼里，国王跟他们最为格格不入之处，就是他的所作所为虽然达到了与他们相一致的目标，但竟采取了自己的方法。这也是他们最不能原谅国王的一点。这回，国王去臣民的家里进餐一事，他们倒只报以耸耸肩膀、鄙夷地斥以"收买人心"了结。哪里知道，这次他们可错怪了国王。因为国王的这项决定，看来事体不大，其用意却很深刻。国王自来研究历史，深知曾有许多王朝由于不懂得跟人民保持接触的重要性，不察民情，进而失掉民望，最后归于灭亡。而国王本人，自从登基以来，已经觉察到显赫的王权在他跟臣民之间正在垒起一堵无形的墙壁，而且

1　吉尔贝·塞斯勃洪：《总统之夜》，王晓峰、蔡若明译，北京出版社1983年版。
2　吉尔贝·塞斯勃洪（1913—1979），法国作家。

越垒越高，根本用不着设岗戍卫，却比王宫的真墙更加难以逾越。猜疑本身就是卫兵，从隔阂发展到互不体谅是顺乎情理的。而今国王就是想打破这种局面，方法虽然天真一些，却是体面的。总之，国王的主意已定：每月都要到他治下的某个百姓家里进餐一次。内阁的好几位大臣为此很不高兴，警察总长尤为惶恐。他对付街头群众集会、防范爆炸暗杀事件之类是装备有余的，而对付一家一户、日常生活诸环节的问题，例如菜里放毒等，却毫无经验。其他大臣害怕的却是另一件事。过去，他们是国王得到消息的唯一来源，现在如果陛下忽然发现大臣们原来一无所知，而他们却一直在谎称民意，那可如何是好！那些高官显贵、朝廷的在野派、新闻界、各种工会无不声称自己是代表民意的，可是当人民真有机会开口说话的时候，他们又惊恐万状。谢天谢地，好在老百姓早已丧失了讲话的可能，甚至失掉了讲话的兴趣，可是谁又能保准在家庭场合的饭桌上……

国王陛下对所受到的款待和吃的饭菜都非常满意。在豪华的王宫里，有一道菜是国王不好意思点的，那是布纪侬风味牛肉。但是这个普通的家庭主妇怎么偏偏就猜到了国王想吃这个菜呢？她又怎么知道国王一直盼着能大杯痛饮都兰纳的葡萄酒呢？

国王陛下询问了五个孩子的情况：名字叫什么，学习怎么样，身体有没有病等，然后他很不自然地笑笑，试探着说道：

“咱们来谈点儿政治吧！”

“谈这个有什么用，”孩子们的父亲说道，“俺倒不是恭维您，我们在这玩意儿上想得跟您一样。俺常叨咕——不信您问孩子的妈，俺说，俺要是个当官儿的，俺想办的事也不是别的，就是现在他们办的那些。”

他的妻子表示同意，但又有点难为情地补充说："最好能稍微改动一下学校的假期。"

国王听了大为高兴，说："这正是最近教育大臣向我提出的建议。年轻人，你们呢？没有什么不顺心的事要诉一诉吗？——太太，能给我再来点布纪依牛肉吗？"

"要诉的事倒没有，"大孩子的话音渐渐平稳起来，"但是关于服兵役，我有个请求。"

他所提的问题，同样是在内阁会议上有人提出过的。这时候，孩子们的胆子越来越大，每个人都提了一条建议，每条建议都是同样年龄的孩子所感兴趣的改革，而且这些建议几乎全都是在朝廷里议而未决的问题，其中有几个，恰恰是国王本人在内阁会议上一直持反对意见的。这时，他嘴里不说，心里暗记着，准备予以重新考虑。这是个好心眼儿的国王啊！

半夜十一点，国王和老百姓分别了，彼此都感到十分满意。一直在简陋的屋门外焦急地等候着的三位大臣和警察总长从国王的脸上看出了这一点。

一位大臣说："我们冒昧地给这户人家带来了一些礼品，请陛下俯允！"

"这个主意不错，"国王说，"如果以我本人的名义来送，倒可能引起误解。明天见吧，先生们！我真的非常高兴！"

四位大臣向国王行礼道别。然后他们进了屋，向出场的七个演员付了预订的酬金。正当他们要离开的时候，忽然听到脚底下似乎有点什么响动。

"哎呀，"警察总长大声喊道，"我差点儿把他们忘了。（原来，三个半钟头以来，这所房子的真正主人一家一直被关在地窖里，悄悄地待着，感到时间太漫长了。）我希望还能剩下点儿布纪侬牛肉给他们……”

【诗歌】

我在长久地寻找[1]

[美] 惠特曼[2]

李野光 译

我在长久地寻找目的，
为我自己也为这些诗寻找一条通向过去历史的线索——如今我才找到了，
它不在图书馆那些书上的寓言中——对它们我既不接受也不拒绝，
它也不在传说或所有别的东西里，
它就在现今——它就是今天这个世界，
它寓身于民主中——这自古以来的目的和憧憬，
它是今天一个男人或一个女人——今天一个普通人的生活，
它在语言、社会风习、文学和艺术之中，
它存在于那些人工的东西，船舶、机器、政治、信条、现代进步和国际间的交相访问，
一切都为了现代——一切都为了今天的普通人。

1 惠特曼：《草叶集》（下），李野光译，人民文学出版社 1994 年版。
2 惠特曼（1819—1892），美国诗人。

法治

第二十二

【经典论述】

法律乃是公意的行为。

——卢梭[1]

法律一停止，暴政就开始了。

——约翰 · 洛克[2]

1 [法] 卢梭：《社会契约论》，何兆武译，商务印书馆 2006 年版，第 47 页。
2 [英] 约翰 ·洛克：《政府论》（下），叶启芳、瞿菊农译，商务印书馆1964年版，第128页。

【故事】

得救[1]

[捷克] 哈谢克[2]
水宁尼 译

为什么要绞死巴夏尔，这是无关故事的宏旨的。临刑前夕，当看守长端着酒肉出现在他的牢房里的时候，尽管良心上压积着好些罪愆，他还是禁不住笑逐颜开了。

“这些都是给我的吗？”

“对，对。”看守长深表同情地说，“最后一顿了，您就吃个痛快吧。回头再给您把凉拌黄瓜端来——我一次端不了这么些。”

巴夏尔满意地听完了他的话，便舒舒坦坦地在桌旁坐下，咧嘴一笑，开始狼吞虎咽地嚼起炸牛肉来。看来他是一条神清气爽的混世虫，要尽量从生活中捞取一切，连这最后的片刻享受也不肯放过。

只有一个念头冲淡了他的食欲，那便是：今天早上通知他，说他的请赦书已被驳回，只准缓期执行二十四小时，这些巴不得所有囚犯都乖乖引颈就刑的人们，就要来绞死他，看着他一命呜呼，他们自己呢，明天、后天，甚至好多年以后还是照常活下去。照常在每天晚上悠然地回家，而他巴夏尔却早已不在人世了。

1　选自《哈谢克小说小品选》，水宁尼译，外国文学出版社 1984 年版。
2　哈谢克（1883—1923），捷克小说家。

他闷闷不乐地想着这些，嘴里塞满了炸牛肉。在旁人给他把凉菜和小面包端来的时候，他竟长叹了一声，说想抽口好烟。

大家就给犯人买来上等烟叶。看守长还亲自给他递上火柴，并且趁便向他大谈其上帝的无限天恩，说纵然失掉了尘世的一切，未始不能在天上……犯人请求给他再来一份火腿和一公升烧酒。

“今天您要什么就有什么。”看守长说，“对像您这种处境的人，我们是没有什么舍不得的。”

“那么就请再添两份肝制香肠吧。另外再来一升黑啤酒我也领情。”

“决不会少您半点的，我马上就去吩咐。”看守长殷勤地说，“我们犯得着不讨您喜欢吗？人一辈子也活不了多久，还是多吃多喝点的好。”

当看守长将那些酒肴送来的时候，巴夏尔说已经够了。

然而并不如此。

“喂，”他扫光了碟子，又道，“我还要一份炸兔肉、一份意大利干酪、一份油焖沙丁鱼和一些旁的好菜。”

“您爱吃什么就请点什么好啦。说实在的，看到您胃口特别开，真叫人打心眼里高兴。您大概不会在天亮以前上吊吧？我看您还是相当正派的。再说，巴夏尔先生，在政府把您绞死以前去自寻短见，对您又有哪点好呢？我是实人说实话，这您也是办不到的，办不到的！完全甭朝这上面胡思乱想！您最好还是再来几口啤酒吧。依我看，咱们还处得顺顺溜溜，意大利干酪下啤酒，真是其妙无比！我再去给您拿两杯来。沙丁鱼和炸兔肉正好做您老兄的下酒菜咧。”

不一会，这些佳肴美酒的香味便充满了整个牢房。巴夏尔将桌子上的杯盘摆弄齐整后，就又大嚼起干酪和沙丁鱼来，一面左右逢源地喝着啤酒和烧酒。

猛然间他记起了，在他还未入狱的时候，有一次，他也是这样酒足饭饱、心旷神怡地坐在郊外一家餐厅的凉台上进着晚餐。翠绿的树叶在皓月的清辉下熠熠发光。在他的对面，就像眼前的看守长一样，坐着胖胖的餐厅老板。这一角天堂的主人喋喋不休地饶着舌，不住地向巴夏尔敬酒敬菜……

"讲个笑话给我听吧。"巴夏尔说。于是看守长便给他讲了一个正如他自己也不讳言的下流的笑话。

巴夏尔请求再来一点水果、一杯黑咖啡和几块饼干作为点心。

他的这个请求也如愿以偿了。在他用完点心之后，牢房里进来了一个狱中牧师，打算给囚犯一番最后的劝慰。

牧师是个神情愉快、和蔼可亲的汉子，正如同巴夏尔周围这群为他操心、判他死刑、明天就要绞死他的人一样。他们一个个满面春风，和他们打交道很痛快。

"上帝会使您得到安慰的。"狱中牧师拍着巴夏尔的肩膀说，"明天一早您便万事都了啦，不过也用不着垂头丧气，您还是忏悔忏悔，打起精神来瞻望一下天国吧。您要信赖上帝，因为他对每个悔罪的人都十分欢迎。谁要是不肯忏悔，谁就会在牢房里彷徨哭泣，一夜难安。但这对您又有什么好处呢，只不过是自讨苦吃罢了。谁忏悔，谁就能在这最后一夜里睡个好觉，做个好梦。我再重复一遍，老弟，要是您肯洗涤一下灵魂上的罪恶，便会觉得好过得多了。"

谁知巴夏尔陡地面如土色。他直想呕吐，五脏六腑都翻动了，却又吐不出来。一阵可怖的痉挛攫住了他的全身。他蜷曲着、痉挛着，额端冷汗淋漓。

这下可把牧师吓坏了。

看守们纷纷跑来，连忙把巴夏尔送进了狱中医院。狱医们一看都摇头。傍晚，病人发高烧了。子夜以后，医生们宣布他的病况非常险恶，并且一致断定是剧烈中毒。

重病的人照例是不处死的，因此当天夜里并没有在庭心给巴夏尔搭设绞架。

相反的却是替他清洗肠胃。还把那些未被消化的食物残块进行了一番化验，结果发现肝制香肠已经腐烂，含有剧毒。

在出售香肠的商店里突然光临了一个调查团。调查的结果是香肠商违反了卫生规定，香肠不是放在冷藏室，而是放在温暖的地方。调查团做完记录，案子就转到检察长手中了。检察长便以食物保藏不合卫生的罪名，把那商人审讯了一通。

在那些治疗巴夏尔的狱医之中，有一位心地善良的青年医生。他寸步不离地守着那张病床，想尽一切办法来使病人起死回生，因为这件案子实在太稀罕、太离奇、太有趣了。年轻的医生日夜不懈地护理着巴夏尔。两周以后，他便拍了拍犯人的背道：“您得救啦！”

第二天巴夏尔就依法被绞死了，因为他已经有了足够上绞架的健康。

使巴夏尔苟延残喘两星期的香肠商被判处了三星期的徒刑，而救了巴夏尔一命的医生却得到了上司的赞扬。

【诗歌】

法律就像爱[1]

[英] 奥登

马鸣谦　蔡海燕　译

法律，园丁们说，是太阳，
法律是所有园丁一向
服膺遵从的规范，
无论明天，昨天，今天。

法律是老年人的智慧，
无能的祖先只会低声责备；
后代子孙伸长舌头做怪脸，
法律是年轻人的感觉器官。

法律，牧师开腔时带着牧师的神气，
向那些非教会人士讲解阐明，
法律是我祈祷书里的文字，

1 ［英］奥登：《奥登诗选：1927—1947》，马鸣谦、蔡海燕译，上海译文出版社2014年版。

法律是我的讲坛和教堂尖顶。
法律，法官提起时一副不屑表情，
说得清楚分明且非常严厉，

法律，我以前曾告诉过你，
法律，我料想你早已知悉，
法律，且容我再讲上一句，
法律就是法律。

循规蹈矩的学者如此言说：
法律既无对，也无错，
法律只是被地点和时间
所惩罚的罪愆，
法律是人们穿的衣服，
无论何时，无论何处，
法律是早安和晚安。

其他人说，法律是我们的命数；
其他人说，法律是我们的政府；
其他人说，其他人说，
法律不复存在，
法律已经离开。

而怒气冲冲的喧闹的民众，
总那么喧闹、那么怒气冲冲，
法律专为我们量身定做，

总针对软弱的傻瓜针对我。

亲爱的，若我们知道
我们并不比他们更了解法律，
对于什么该做、什么不该做
我也并不比你知道得更多，
而除非所有人都同意，
高兴地或痛苦地
对法律的定义达成一致，
除非所有人都认同此理，
认为将法律与其他字词
混为一谈是件荒唐事，
与很多人不同，
我不会再说法律是什么，
和他们一样，我们难以抵挡
那妄加猜测的普遍愿望，
也无法摆脱我们的自身立场
进入一种漠不关心的状况。

但我至少可以约束
你我的虚荣自负，
羞怯地说出
一个令人汗颜的相似之处，
我们至少应该骄傲地告白：
我要说法律就像爱。

就像爱，我们不知地点或原由，
就像爱，我们不能强迫或逃走，
就像爱，我们常会为之痛哭，
就像爱，我们很难把它留住。

1939 年 9 月

权利

第二十三

【经典论述】

人人生而自由，在尊严和权利上一律平等。他们赋有理性和良心，并应以兄弟关系的精神相对待。

——《世界人权宣言》[1]

每个人都有一种基于正义的不可侵犯性，这种不可侵犯性即使以社会整体之名也不能逾越。

——约翰 · 罗尔斯[2]

1 选自《世界人权宣言》，张宏良、金瑞德编：《改变人类命运的八大宣言》，中国社会出版社 1996 年版，第 74 页。

2 ［美］约翰·罗尔斯：《正义论》，何怀宏、何包钢、廖申白译，中国社会科学出版社 2001 年版，第 3 页。

【故 事】

不朽的罗萨女士[1]

林达[2]

美国黑人民权运动的标志性人物，92岁高龄的罗萨·帕克斯女士最近逝世，距离她当年违抗州法律，拒绝在公共汽车上为白人让座，遭到逮捕，从而触发了历史性的“罢乘”运动，刚好半个世纪。罗萨·帕克斯女士早已成为美国民间维权运动的一个象征，成为非暴力反抗和公民不服从观念的一个象征，得到美国朝野各界和各色人种的一致赞扬和认同。

她到底干了什么了不起的事，到底做出了什么牺牲，到底起了什么作用，竟然在半个世纪里化身为一种象征，一个不朽的标志？

美国在南北战争废除了奴隶制以后，南方几个州在法律上保持种族隔离制度长达近一百年。在这一个世纪中，南方各州引以为自豪的是“法律和秩序”，种族隔离不仅是天经地义的社会传统，而且是由法律规定的制度。

当1955年冬天的一个傍晚，42岁的普通女职员罗萨·帕克斯在公共汽车上打定主意拒绝站起来为白人让座时，她面对的是强大

---

1 选自《新京报》2005年10月29日。

2 林达是一对美籍华人作家夫妇合用的笔名。夫为丁鸿富，妻为李晓琳。他们都于1952年出生在上海，1978年上大学，曾在黑龙江省插队，1991年移居美国。

的法律和制度。她知道警察会来逮捕她，因为她这样做是违法的。她知道自己有可能坐牢罚款，因为亚拉巴马州和蒙哥马利市都以讲究法治出名。她是一个受过良好教育的人，完全知道历史上这种法治对黑人的无情惩治。作为一个普通女子，她知道什么叫恐怖。

面对闻讯前来的警察，她平静地表示拒绝站起来让座。

她事后说，她只是“厌倦了被羞辱”的待遇。

她被带往警察局，托着“7053”的牌子，在警察局里拍下了被捕登记照。感谢历史留下了这张黑白照，罗萨·帕克斯直视着镜头，目光平静而专注，没有恐惧，没有恼怒，几乎是带着蔑视和悲悯面对警察。50年后，我们看这张照片，看着罗萨·帕克斯的目光，你不能不为做人可以做得如此有尊严而感动。为什么她会有如此尊严？是什么让罗萨·帕克斯这样自信？

因为，罗萨·帕克斯相信美国立国先贤们表达的理想：人生来平等，人人都有生命、自由和追求幸福的权利。

这种权利，是做人的基本权利，与生俱来，和人的生存状态浑然一体，是不可剥夺的，所以它被称为自然权利。法律是人起草的，制度是人创立的，而任何一个普通人的自然权利，却在创造物之前就存在了。个人的基本权利，比法律还要早，比制度还要高。正因为有了这样的信念，罗萨·帕克斯相信，在公共汽车上搞种族隔离，强迫黑人为白人让座的法律，羞辱黑人，践踏黑人的尊严，是在侵犯黑人的基本权利。这种法律就是应该废除的。正如后来领导罢乘运动的马丁·路德·金所说，我们不会接受你们不合理的法律。

罗萨·帕克斯拒绝让座以后，蒙哥马利的黑人罢乘运动开始了。蒙哥马利市几万黑人工人，步行上下班，坚持了381天。蒙哥马利的市政当局，指控黑人教堂用汽车接送黑人是“非法经营”，逼迫保险公司对这些汽车拒保。黑人领袖被逮捕被起诉，罪名是煽动破坏治安。这是既有制度和民间维权的一次对抗。

奇迹发生了。一个城市的所有黑人，拖着“疲惫的双腿，疲惫的灵魂”，默默地走，风雨寒暑，走了一年多。

没有动乱，没有暴力，没有破坏，没有报复。他们默默忍受了一切，似乎是那样软弱和无奈，却表现出必胜的自信和尊严。手里有制度机器的权势者未必强大，两手空空的黑人上班族未必弱小。前者只不过借助物质的暴力，而后者是在维持做人的基本权利。

1956 年 11 月 13 日，联邦最高法院宣判，公共汽车上的种族隔离是违宪的，相关法律一律废除。消息传到蒙哥马利市，黑人罢乘运动在第二天宣布胜利结束。罗萨·帕克斯女士的拒绝让座和黑人们 381 天的步行，向世人证明了弱者的力量，维权的正当性，也为后人留下了一个样板：开明的制度，必须允许在底层民众和体制之间有一种对话的渠道。体制和民众之间，不论有什么样的传统障碍，不论有多大的分歧，最重要的是必须有一些基本的共同语言。正是这种共同的东西，保障了制度的良性演变。这种上下共同的东西，必定是最简单的常识，那就是对公民维权之正当性的认同。

罗萨·帕克斯是不朽的，她属于全人类。

【诗歌】

起初他们追杀共产主义者[1]

马丁 · 尼莫拉[2]

朱学勤 译

起初他们追杀共产主义者，
我不是共产主义者，我不说话；
接着他们追杀犹太人，
我不是犹太人，我不说话；
后来他们追杀工会成员，
我不是工会成员，我继续不说话；
此后他们追杀天主教徒，
我不是天主教徒，我还是不说话；
最后，他们奔我而来，
再也没有人站起来为我说话了。

——马丁 · 尼莫拉神父

犹太人大屠杀纪念碑铭文，波士顿，1945 年

1 朱学勤：《书斋里的革命：朱学勤文选》，长春出版社 1999 年版。
2 马丁 • 尼莫拉（1892—1984），德国神学家。

责任

第二十四

【经典论述】

我以为人们在每一个时期都可以过有趣而且有用的生活。我们应该不虚度一生，应该能够说：“我已经做了我能做的事。”人们只能要求我们如此，而且只有这样我们才能有一点快乐。

——艾芙 · 居里[1]

“小我”虽然会死，但是每一个“小我”的一切作为，一切功德罪恶，一切语言行事，无论大小，无论是非，无论善恶，都永远留存在那个“大我”之中。那个“大我”，便是古往今来一切“小我”的纪功碑，彰善祠，罪状判决书，孝子慈孙百世不能改的恶谥法。这个“大我”是永远不朽的，故一切“小我”的事业，人格，一举一动，一言一笑，一个念头，一场功劳，一桩罪过，也都永远不朽。

——胡适[2]

1 ［法］艾芙·居里：《居里夫人传》，左明彻译，商务印书馆 1984 年版，第 265 页。
2 季羡林主编：《胡适全集》第 1 卷，安徽教育出版社 2003 年版，第 664—665 页。

【故事】

“担干系，负责任”，使自己成器[1]

陈志武

陈晓、陈笛：

几年前，小张是耶鲁大学的博士生，第一学年博士资格考试时，她没通过。当我们通知她考试没过必须退学时，她自己还好，不是太在意，倒是她在美国得克萨斯州的母亲闻讯立刻晕倒，被送进医院，母亲还没恢复好，她父亲就赶紧开车来耶鲁求情。

你们知道，从得克萨斯州开车到康州，距离是不近的。在父亲到来之前，小张没有主动找老师说明情况，因为她知道父亲会像往常一样，什么都替她办好的。几天后父亲到了，向各位老师包括我求情，希望给她女儿第二次机会，让她在耶鲁大学读下去。她父亲是我的湖南老乡，也在得克萨斯州的一所大学教书，说起来我们也算同行。

小张父亲说，孩子之所以没有考好，是因为从小到大，直到来耶鲁读研究生之前，没有离开过家，而且只吃她母亲做的饭菜，从来不跟其他人打交道，不操办自己的事，即便是联系、申请读博士，也是父亲帮她找人写推荐信，由父母一手包办的。虽然她已经24岁，到耶鲁读博士，却是第一次离开父母，生活难以自理是可想而知的。

在耶鲁读博士的一年中，小张父亲来看过她四五次，帮她买好生活用品、准备够菜米，处理好老师和同学的关系。只是平时，因为母亲不在身边，她吃不饱；由于现在要跟另外两个女生同住一套

1　陈志武：《24堂财富课：陈志武与女儿谈商业模式》，当代中国出版社2009年版。

公寓，她们又经常有男女朋友来举办 party，吵吵闹闹，小张时常睡不好，也跟同公寓的女生无法相处。结果，小张挣扎了一年，成绩越来越差。

小张父亲还说，本来这次没考好，小张该自己找老师说。因为以前她没跟别人打过交道，所以，仍然只能由做父亲的出面。

你们知道，我听到这些之后，反而更觉得让小张离开耶鲁大学，是正确的决定，因为我们有责任把资源放在未来有出息的年轻人身上。按耶鲁官方的话说，我们的目标是培养能在各领域独当一面的领导者，特别是学术思想的领导者。

我跟你们分享这个故事，是想谈谈个人责任跟个人自由的匹配关系。小张或许只知道父母溺爱下的随意“自由”，却不知跟自由相配的自我责任。实际上，没有自我责任支撑的个人自由与空中楼阁无异，是本质上的不自由。

试想，如果你们今天滥用自己的选择自由，或者干脆就利用爸妈对你们的爱，让自己对什么都知难而退：第一天，把自己的脏衣服到处乱扔，由爸妈帮你们去收拾；第二天，功课一难就不做，要我代替你们做；第三天，在学校与同学发生纠纷，或者碰到其他挑战，也要爸妈出面直到学校找老师解决；第四天，暑假到了，要实习了，又是我去代你们安排——日复一日，你们自己真的完全“自由”了，到哪里、做什么，都是由爸妈惦记着、安排好。于是，等你们大学毕业时，工作由爸妈给你们找；等你们要结婚、买房子了，由爸妈帮你们出钱，甚至要动用我们的养老钱……到最后，你们能真有个人自由、自我选择吗？不能！

因为没有自立能力的人，就得事事依靠别人，财务上也靠别人，那当然就谈不上有个人选择空间，谈不上有自由了。再者，今天让我们把精力都花在你们身上、把养老积蓄都用在你们身上，我们老了后，因为没有选择而必须依靠你们，不就成为压在你们肩上的包袱了吗？那样的话，在你们成年之后，怎么能根据自己的兴趣志向，五湖四海自由选择呢？那当然不能！

在中国，我常听到三四十岁的人说，“我这辈子就这样了，只好把希望寄托于子女了”。这下好了，他们的精力和资源的确全砸到子女身上，而子女又图一时之便，就像小张那样来者不拒，让自己丧失自我责任、自立意志。等到子女长大成家后，发现自己这辈子也那样了，也“只好把希望寄托于子女了”。就这样，代复一代，每代人都处于依靠别人因而没有个人自由的状态中，整个社会在缺乏个人选择、丧失自我实现意志的长期均衡中不能自拔。

个人选择是我们谈得较多，也是你们在学校听得多、书里读得多的话题。正因为个人自由这么重要，而自由的基础又首先是经济上的独立，所以，我一直说，你们今后要通过各类金融保险与养老安排，先把自己一辈子方方面面的需要安排好，让自己在未来总能独立自主，也能让你们的子女得到解放。能这样做的一个关键前提当然是，你们能把个人责任内化成一种自然习惯，按照中国20世纪的思想家胡适先生的话说，就是自己“担干系、负责任”，不要总指望父母、指望别人。

胡适说：“……救出自己的唯一法子便是把你自己这块材料铸造成器。把自己铸造成器，方才可以希望有益于社会。真实的为我，便是最有益的为人。把自己铸造成了自由独立的人格，你自然会不知足，不满意于现状，敢说老实话，敢攻击社会上的腐败情形，做一个‘贫贱不能移，富贵不能淫，威武不能屈’的斯铎曼医生[1]。”

1　斯铎曼医生，挪威戏剧家易卜生戏剧《国民公敌》中的主人公。

我知道，“真实的为我，便是最有益的为人”这句话，让许多习惯于集体主义思维的人没法接受，因为我们总被告知：不能“为我”，只能“利人”。但是，真实的情况可能正好相反，恰恰是那些因“为我”而使自己成功的人，才有基础去帮助别人，解救社会。试想一下，如果人都忘了自己，到最后，没有几个人能“铸造成器”，在连自己都没料理好的情况下，个人怎么有能力、有资格、有基础去“利人”呢？这就像下水救人，如果自己都不会游泳，或者还没安排好自己的安全保护措施，去救人的结果，恐怕是自己和溺水者都活不了。

在你们的成长过程中，还会碰到许多听起来不可思议、与社会流行的迂腐说教相悖的金玉之言，对于这些话，关键是要学会自己去思辨、吸收。你们一辈子的幸福，将最终来源于个性化的生活，而不是金钱财富，也不是别的。也就是说，幸福是一件很个人化的事，没有任何人比你们更清楚怎样才会使自己幸福、什么才是自己想要的。所以，别人怎么说、怎么想、怎么要、怎么生活不重要，关键在你们自己。“萝卜白菜，各有所爱”，你们的一生还是得由你们自己掌握，也将由你们自己的所作所为来定义。

而个性化的生活，既取决于个人的选择自由，亦即事事自愿，又取决于跟个人自由相对应的自我责任。胡适说，发展人的个性，“须要有两个条件。第一，须使个人有自由意志。第二，须使个人担干系，负责任”。

你们的爸爸

2009 年 5 月 1 日

【诗歌】

留别澳洲诸同志六首之五[1]

梁启超

颇闻天下事，无易亦无难。
常溜[2]能穿石，危崖独挽澜。
文明原有价，责任岂容宽？
欲话兴亡事，高楼夜色寒。

1 汪松涛编注：《梁启超诗词全注》，广州高等教育出版社 1998 年版。
2 溜：滴下的水。

科学精神

第二十五

【经典论述】

科学是为科学而存在的，就像艺术是为艺术而存在的一样，它既不从事自我表白，也不从事荒谬的证明。

——爱因斯坦[1]

追求真理，忠于真理，实事求是，不盲从，不附和，不武断，不专横。

——竺可桢[2]

1 ［美］爱因斯坦：《论科学》，载许良英等编译：《爱因斯坦文集》第一卷，商务印书馆1976年版，第285页。

2 国家教育行政学院编著：《高等教育论纲》，南开大学出版社2003年版，第22页。

【故事】

爱因斯坦[1]（节选）

[苏联] 爱伦堡[2]
冯南江 秦顺新 译

我觉得我已丧失了吃惊的可能性：我飞越过重洋，到过各种各样的国家，遇到过知名的、有时是伟大的人物，经历了三次战争、一次革命、37年、法西斯主义、胜利，不料在1946年5月14日我却体验到了一个第一次看见自然界奇特现象的少年所感到的惊异——我被带到普林斯顿并出现在阿尔贝特·爱因斯坦面前。我在他那里总共只待了几小时，但我对这几小时却要比对我一生中的某些重大事件记得更为清楚，——欢乐和灾难都可以忘记，而惊讶却不会忘记，它是刻骨铭心的。

当然，我见过爱因斯坦的照片，谁又没见过呢，但他看上去却是另一个模样，这也许是因为照片太旧，也许是因为照相机的镜头毕竟不是眼睛。我看到爱因斯坦的时候他六十七岁，很长的灰白色头发使他变老了，赋予他一种上个世纪的音乐家或隐士的神态。他没穿上衣，穿着绒线衫，一支自来水笔正对着下巴插在高领子上。他从裤袋里掏出了笔记本。他面部线条清晰，轮廓分明，但

1 爱伦堡：《人·岁月·生活》，冯南江、秦顺新译，花城出版社2004年版，选入本书时有删节。

2 爱伦堡（1891—1967），苏联作家。

两眼却惊人地年轻，他时而忧郁，时而聚精会神，突然又充满热情地笑了起来，我可以大胆地说——像孩子一般笑了起来。在最初的顷刻间我觉得他是个年迈的老人，但只要他说起话来、很快地下楼走进花园，只要他的两眼愉快地嘲弄起来——这第一个印象就消失了。他因具有岁月所不能磨灭的青春而显得年轻，他自己曾用一句脱口而出的话形容过这种青春："我活着并感到不解，我总是想弄明白……"

在1921年写成的《胡利奥·胡列尼托》里，我曾叙述我阅读一篇介绍相对论的通俗文章。在科学的许多领域里我都是非常无知的（幸而我明白这一点）。通俗的介绍我是领会的，但也还没能全都懂得，有些东西不如说是猜的。在由纽约赴普林斯顿的途中我很激动：像我这样一个不学无术之辈能同这位伟大的科学家谈些什么呢？……我向带我去普林斯顿的犹太文学家勃莱宁谈到了我的畏惧。他回答说，爱因斯坦是个朴实的人，他邀请我是因为他对俄国和新战争的威胁感兴趣。他没有使我平静下来，但他一开口，畏惧就消失了。当然，我回答了他的问题，但现在我却觉得，只有他一个人在说，而我则侧耳倾听，如果我也张过嘴，那也是出于吃惊。

一切都使我吃惊——无论是他的外表、经历、智慧还是热情，但最使我吃惊的还是我坐着，喝着咖啡，而爱因斯坦却在同我谈话。

有一次我在世界和平理事会的会议上同约里奥－居里并肩而坐。演说家们一个接着一个地重复着人所共知的真理。而约里奥则俯耳向我谈起了物理学家们的命运。（大概是一句什么话引起了他的这些想法。）"物理学家很像诗人，他们往往在青年时代有所发现。这像是一种灵感。费密[1]三十三步时创立了 β 衰变理论，卢瑟福[2]在三十二岁显示了自己的天才，布罗利兄弟[3]和泡利[4]在三十一岁做出了重要发现，狄拉克[5]则是二十六岁。但您可知道当爱因斯坦创立狭义相对论时他多大年纪？二十六岁！”约里奥的两眼调皮地闪烁起来，突然他皱起了眉头：“应该听听他说些什么……”我把约里奥的话记在即将讨论的一项决议的草案上了。

当然，我在去普林斯顿的途中所感到的激动是同这个人的伟大有联系的。我想起了郎之万在 1934 年曾对我说：“爱因斯坦把所有的自然科学都翻了个过儿。在他之前的物理学家们都觉得一切都已被认识，但他却证明了还有另一种认识。现代物理学是从他开始的，而且不限于物理学——新的科学也是从他开始的……”

他粉碎了囿于自己专业范围内的书房里的学者的陈旧观念。我知道，他同罗曼·罗兰交谊甚厚，在 1915 年发表过反战演说，我知道他为反对法西斯主义进行过斗争，我所见到的这个人帮助我在我们这充满矛盾的时代里明白了许多事情。

很久以后我读了他的《自传概述》和他朋友们的回忆，发现我的惊讶是很自然的。他的一生宛如一股汹涌澎湃的山泉，让我从他的身份谈起。他先是德国的臣民，后来是瑞士的公民，最后又成为美国公民。在他做出了自己的天才发现时，他是“伯尔尼发明专利局的第三帝国的鉴定人”。三年后，当全世界的进步学者都在谈论爱因斯坦的发明时，他在伯尔尼大学讲课，而听课的往往总共只有

1　费密（1901—1954），意大利物理学家。
2　卢瑟福（1871—1937），英国物理学家。
3　法国物理学家。
4　泡利（1900—1958），瑞士理论物理学家。
5　狄拉克（1902—1984），英国物理学家，量子力学创始人之一。

两个大学生。不久，人们开始不仅在学术会议上，而且也在电车上谈论他了。他在苏黎世、布拉格、柏林、莱顿、帕萨迪纳、普林斯顿都讲过课；他在欧洲的许多国家待过；还去过印度、巴勒斯坦、日本。他在一生中有什么人不曾见过，向谁不曾作过倾心之谈！我说的不是科学家——当然，他同其中的许多人有朋友关系，但我现在要列举一些他在文章或谈话中提到过的意外的会见：罗曼·罗兰和伯特兰·罗素勋爵，卡夫卡和查理·卓别林，罗宾德拉纳特·泰戈尔和外交人民委员契切林，哈西德教派的历史学家布贝尔和萧伯纳，比利时国王阿尔贝特和女黑人歌手安德逊，罗斯福和尼赫鲁。他不能忍受招待会、鼓掌、祭神的香烟，他很少公开演说，爱拉小提琴，醉心园艺，热衷帆船运动（甚至还写了《驾驶带帆快艇的若干问题》一文），同时也没有一个重大事件是他不愿热情而忘我地对待的。在第一次世界大战期间，他获悉罗曼·罗兰发表演说反对盲目的民族主义，便到瑞士去拜访他，发表了反对世界大战的演说。他勇敢地向十月革命祝贺，痛斥德国军国主义。法西斯主义发现他是个不共戴天的敌人。他不是民族主义者——既不是德国的，也不是犹太的或美国的。在集资兴建巴勒斯坦的犹太人大学时，他说："我看到过犹太人在德国如何受到嘲笑，我的心里充满了热血。我看到过学校、滑稽杂志和其他一切宣传工具如何被动员起来以扑灭我的犹太人兄弟对自己的信心……"他为捍卫自己尊严的西班牙做了力所能及的一切。他参加了许多为反对新的世界大战的威胁而进行斗争的组织。他离开了国际联盟的文化部，宣布它姑息强者并鼓励侵略。他曾在美国公开宣称他是社会主义的拥护者和苏联的朋友。关于对黑人的歧视他曾写道："这是每个美国人良心上的污点。"第二次世界大战期间，他曾协助征集物资来支援苏联。他谴责了原子武器，把“冷战”革出了教门，坚持普遍裁军，而在去世前一个月还曾起草过一个由他、伯特兰·罗素和约里奥－居里共同签名的呼吁书。

他有许多敌人。有些科学家长期企图否定他的发现，他们觉得，这些发现有损他们那依靠一切真理和谎言挣来的不大的声望。德国法西斯分子仇视他——对他们来说他首先是个犹太人。曾经建立过一个叫作“反爱因斯坦”的组织，有些著名的物理学家、诺贝尔奖金获得者也加入了。这个组织专门陷害爱因斯坦——破坏讲课，印行伪科学的谤书和传单。1922 年，“王室的喽罗们”在获悉爱因斯坦抵达巴黎时曾举行敌意的示威。希特勒上台后，爱因斯坦被缺席判处死刑，高价悬赏他的首级。1933 年，黑暗势力分子要求禁止爱因斯坦进入美国。1945 年，议员伦金在众议院建议政府“惩办一个叫做爱因斯坦的煽动者”，因为此人胆敢发言反对佛朗哥的政体。五年后，同一个伦金又说：“有一个叫作爱因斯坦的老骗子，自称是科学家，实乃共产主义阵营的参加者……”（爱因斯坦曾是著名的反美活动调查委员会调查的对象。）

我在笔记本里找到了爱因斯坦的几句话——那是我从普林斯顿回到纽约后立刻记录下来的。他是这样谈论美国人的：“这是些孩子，他们有时可爱，有时任性。孩子开始玩弄火柴不是一件好事。最好是玩积木……我不认为，一个普通的美国人读书比欧洲人读得少，但他读的是另一种书，而主要的是他用另一种方式去读。我问过一个大学生，他是否读过某一本书，他答道：‘好像读过，是的，我不记得了。不过这本书是好多年前出版的，它可能已经过时了……’这种人只对新东西感兴趣……这里的人善于很快把事情忘掉。在战争时期，一个普通的美国人一听到‘斯大林格勒’这个字眼就会有这样的反应——从手上摘下手表赠给红军战士。米霍埃尔斯和费费尔就看到过这种事。如今许多人听到这同一个字眼却会有完全不同的反应：向俄国人炫耀我们有原子弹。当然，这是报纸上进行运动的结果……在中非洲存在过一个不大的部族——我所以说‘存在过’，是因为有关这个部族的消息我是在很久以前看到的。这个部族的人给孩子们取名为高山、棕榈、曙光、鹞鹰。一个人死后，他的名字就变成了忌讳，于是只得寻找新词来称呼山岳或鹞鹰。显然，这个部族既无历史，也没有传统或传说，因而它就不能发展——几乎每年都只得一切从头开始。很多美国人就像这个部族的人……我在《纽约客》杂志上读到过一篇关于广岛的令人震惊的报道。我用电话订了一百份杂志分发给我的学生。其中的一个后来向我致谢，他狂喜地说：‘多么不可思议的炸弹！……’当然，也有些不同的人。但所有这一切都使人感到十分沉重……秋天我发表了演说。看来，很快就得重新……”

他在谈话中曾再一次回到炸弹的问题上：“您要知道，最危险的就是指望一切都合乎逻辑。您确信二乘二等于四吗？我可不……不幸的是罗斯福死了——他是不会允许……”

稍迟我还获悉了被称为“爱因斯坦的悲剧”的那件事。在第二次世界大战开始前一个月，爱因斯坦的几个物理学家朋友曾告诉他，在德国有人正在设计制造原子弹。希特勒匪徒侵占了捷克斯洛伐克以后拥有了铀。朋友们说服爱因斯坦写信把此事告诉了罗斯福。1945 年 4 月，当时业已判明希特勒匪徒没来得及制成原子弹，而当爱因斯坦获悉美国人已拥有这种炸弹以后，便再次致函罗斯福——恳求不要使用这种可怕的武器。罗斯福没收到信就去世了。新总统杜鲁门在几个月后下令在广岛和长崎投下了原子弹。

我知道爱因斯坦对《黑书》[1] 的出版感兴趣。我带来了一些发表过的材料和照片，爱因斯坦仔细地看着，后来抬起双眼，我看见其中含着悲痛，他的嘴唇微微颤抖。他说：“我生平说过不止一次，认识的可能性是无限的，我们应该知道的事物也是无限的。现在我认为卑鄙和残酷也是无限的……”

他问我打算到哪儿去。我回答说，后天要去南方——想看看黑人是怎么生活的。他说：“他们的生活令人可怕。真可耻！南方各州政府的行为应该按照纽伦堡审讯的起诉书中的若干条款来治罪……”几分钟后，当我们下楼走进花园并在那里受摄影师的折磨时，他告诉我说，很久以前曾有一位维护种族歧视的年轻漂亮的美国女人向他提出了一个在美国很普遍的问题：“要是您的儿子宣布他要娶一个黑女人，您会说些什么？”“我回答她说：‘我不知道。我也许会想认识一下新娘子。可要是我的儿子说他打算娶您的话，我大概会睡不着觉也吃不下饭了。’”他的眼里燃起了热烈的火花。

1 《黑书》是爱伦堡等编辑的一部文献集，反映希特勒匪徒迫害犹太人的暴行。

【诗 歌】

棋（之二）[1]

[阿根廷]博尔赫斯

陈东飚 陈子弘 等译

软弱的王，斜跳的象，残暴的
后，直行的车和狡诈的卒子
在黑白相间的道路上
寻求和展开它们全副武装的战斗。

它们不知道是对弈者凶残的
手左右着它们的命运，
不知道有一种钻石般的精确
掌握着它们的意志和行程。

而棋手同样也是被禁锢的囚徒，
在另一个
黑夜与白天构成的棋盘上。

1 选自《博尔赫斯文集·诗歌随笔卷》，陈东飚、陈子弘等译，海南国际新闻出版中心1996年版。

是上帝移动棋手，后者移动棋子。
在上帝身后，又是什么上帝设下了
这尘土，时间，睡梦与痛苦的布局？

合作精神

第二十六

【经典论述】

天时不如地利，地利不如人和。

——孟子[1]

建立了更高层次的共同目标，人就会自然地发现齐心协力的共同的精神基础。

——池田大作[2]

谁都无法脱离他人而独立存活，如果别人都在承受苦难，幸福也不会单独落在一个人头上。

——爱默生[3]

1 选自《孟子·公孙丑下》。
2 ［日］池田大作：《人生箴言》，卞立强译，中国文联出版社 1995 年版，第 41 页。
3 ［美］爱默生：《生活的准则》，史士本等译，当代世界出版社 2002 年版，第 23 页。

【故事】

老鼠夹与他人的重要性[1]

[巴西] 保罗·科埃略[2]
陈荣生 译

老鼠看到庄园主拿来一个老鼠夹，感到很担心：庄园主要来杀死自己！

它开始去向所有其他动物发出警告："小心老鼠夹！小心老鼠夹！"

母鸡听到它的叫喊声，就叫它不要叫喊："我亲爱的老鼠，我知道那对你来说是个问题，但是它对我根本没有任何影响，所以请你不要这么大惊小怪了。"

老鼠跑去告诉胖猪。胖猪感到很生气，因为它的午睡被打搅了。

"房子里有一个老鼠夹。"老鼠说。

"我感谢你的关心，我也同情你，"胖猪回答，"所以，你放心，我今晚一定为你祷告，但这是我所能尽到的最大能力了。"

老鼠感到比以往任何时候都要孤独，就到母牛那里寻求帮助。

"我亲爱的老鼠，那跟我有什么关系呢？你看到过母牛被老鼠夹杀死吗？"

1 选自《羊城晚报》2009年11月9日。
2 保罗·科埃略（1947—　），巴西当代作家。

老鼠看到没有哪个动物愿意跟它团结起来，只好返回庄园主的房子，藏在它的洞穴里，整夜都不敢闭眼，害怕会发生什么悲剧。

天刚亮，老鼠听到了一阵响声，它想，老鼠夹一定是夹到什么东西了。

庄园主的妻子下楼去看老鼠是否被杀死。她在黑暗中没有注意到老鼠夹只是夹住了一条蛇的尾巴，所以，在她走近老鼠夹的时候，被蛇咬了。

庄园主听到妻子的尖叫声后，赶紧起床，飞快地将妻子送到医院。她在医院里做了适当的治疗后，被送回了家。

但是，她仍然发烧。庄园主知道肉汤对病人是最好的补品，就把母鸡给杀了。

他妻子的身体慢慢地康复起来。因为他们夫妻俩在该地区是一对很受人喜爱的夫妻，所有的邻居都来探望他们。为了表示对邻居们来访的感谢，庄园主把猪杀了，热情地招待朋友们吃了一顿。

他妻子终于康复了，但是医疗费很贵，所以庄园主把母牛卖给屠宰场，用所得的钱支付那些医疗费。

老鼠目睹了这一切，心中暗暗想道：“我已经警告过它们。如果母鸡、胖猪和母牛明白一个人的问题会使所有的人都卷入危险的话，情况是否会好些呢？”

【诗歌】

互补[1]

[墨西哥] 奥 · 帕斯[2]

飞白　译

在我身上你找山，
找葬在林中的太阳。
在你身上我找船，
它迷失在黑夜中央。

1　毛信德、蒋跃编：《诺贝尔文学奖获奖作家短诗精品》，百花洲文艺出版社 2011 年版。
2　奥・帕斯（1914—1998），墨西哥诗人，1990 年诺贝尔文学奖获得者。

守信

第二十七

【经典论述】

人而无信，不知其可也。大车无輗，小车无軏，其何以行之哉？

——孔子[1]

轻诺必寡信。

——老子[2]

人之所以为人者，言也；人而不能言，何以为人？言之所以为言者，信也；言而不信，何以为言？

——《谷梁传》[3]

1 选自《论语·为政》。
2 选自《老子·第六十三章》。
3 选自《谷梁传·僖公二十一年》。

【故事】

宿诺[1]（节选）

黄裳

也还是一九四七年开始起劲收集时贤书法时的事。曾托靳以寄了一张笺纸到北平去请沈从文写字，不久寄来了。在一张小小的笺纸上临写了三家书法：包世臣、梁同书和翁方纲。在笺尾有两行小字，是他自己的话，字也是他自己的面目。他说：

包梁二书均不喜。苏斋虽瘦而腴。上官碧。

“上官碧”是他常用的笔名。他说得对，包安吴、梁山舟虽然都是有重名的书家，但到底看不出那好处来。梁书虽有姿媚，但总脱不出馆阁体的牢笼。安吴是理论家，但理论家往往不能在实践中实现他的理论，正好像我们不能要求文学评论家写出一篇好小说来一样。只是翁苏斋在我的印象中一直是“腴”的，“瘦”的作品则很少看到。

这张字他大概不大满意，不久又寄来了一张长长的条幅。这是他一直写的章草了。署名仍作“上官碧”，后面有长跋：

1 黄裳：《珠还记幸》，生活·读书·新知三联书店 1985 年版。

黄裳先生远道邮佳纸索书，为用李福寿笔涂抹，竟成墨冻蝇。复检旧纸，经意一书，拙陋益增。始知婢学夫人，大不容易。仍只宜用起码价钱小绿颖笔在公文纸上胡画，转有斌媚处也。因检习字一纸相寄。从文

这些话说得很有意思。过去文学艺术家有许多人发表过相似的见解。可见好文章、好诗……都不是经意做出来的。当然这也不能说死了。世上无论什么事，一说死总非弄坏不可。文学艺术上的事尤其是如此。写小说又何尝不是这样，讲技巧讲过了头，往往只能产生“墨冻蝇”，这是并不少见的事。

这时他和住在北平的一些朋友好像都喜欢写字，他又寄来了一张更长的条幅，右下角题记说：

霁清轩中三人同书，上官碧记。

卷末题记说：“二行至‘万余里’从文书；二至四行充和书；至六行，从文，七行金甫书。时三十六年八月，于故都之颐和园中。”

充和是张充和，从文夫人的妹妹；金甫是杨振声。

这一张字照我外行的看法，应以张充和为第一。至少在流动宛转这一点上，是突出的。杨金甫也能书，这我过去根本就不知道，他的字当然更老到，但在这里却没有凌厉之气。三位都是书家，是明明白白的事。

我连忙向靳以打听关于张充和的事，又要他写信去请她给我写字。靳以是极善于讲故事的，听他讲张充和，就像读一篇小说。可惜三十多年过去，有些都记不起了。

一九七五年前后，黄永玉南来，路过上海。从他那里打听到沈从文的近况，这以后与他又开始了通信。时距锦江楼头一见，又过了十来年。从信里知道他还在写字，不久就寄了一张来，用的大约是从一本旧帖上取下来的厚棉纸副页，经过水湿，渍痕宛然。纸上用铅笔打了格子，在上面写了四首诗。这幅字写得非常好，虽然旧时面目仍在，但平添了如许宛转的姿媚。小跋说："试用明拓帖扉页衬纸，七分钱新制'学生笔'，写四小诗。纸笔均佳妙，惟执笔之手不济事！书奉黄裳兄正谬。沈从文年七十进四。"

那时候，得到这样一张字，是使人非常高兴的。那是一小撮人张牙舞爪，全国人民痛苦忧愤的日子。不想听或听厌了"样板戏"的人真是走投无路了。整天赖在公园里打太极拳也不是事。弄盆景、养金鱼、种花、捉皮虫……都成了"风"。"当局"好像也并不起劲地加以禁止。在这种时候，写写字好像就成为一种高雅而无害的高级消遣。也不能说这就没有一点实用价值，抄起大字报来，一笔好字至少也能增加一点吸引力，或增强人们拜读时的忍耐心。不过要写字也还是以抄录"革命"词句为好，像沈从文在这里写什么"不管烟波与风雨，载将离恨过江南。"也还是老大的不妥当，即使这诗是宋朝人作的也罢。

前年夏天，忽然接到卞之琳从北京寄来的一封信，说去年秋天在美国访问时遇到张充和，提起三十多年前的"旧约"，现在要实践了。随信附来的是张充和的一封信，略云：

奉上拙书一幅，想来你已忘记此事。因靳以四九年的信尚在，非了此愿不可。我的字时写时辍，不成"体"统。……附上靳以信影本，一叹！

靳以的信说：

充和：

看了你的信，大家都觉得你们还是回来的好。这个大场面你不来看也是可惜的。当初我就以为你的决定是失策，可是没有能说，也不好说。看到你的兴致那么高。有机会还是回来吧。你答应过给“黄裳”写的几个字也没有影子，得便写点寄来吧。我们都好，大家都盼望你回来。

靳以

四月廿日（一九四九）

接到这封信和字，真是说不出什么滋味，痴坐了许久。从靳以的这封短信里，似乎又活龙活现地看到了他这个人。他善良热情，关心朋友，爱护朋友。信很短，可是里面藏着的“话”很多。仿佛可以看见、听到他那胖胖的双颊上蠕动的微红，眼镜后面眯缝闪动的双眼，好像有点口吃似的断断续续说出来的话，他那总是抹不掉的微笑和一会都停不下来的动作，这一切都永远消失了。记得我托他请张充和写字，也不过说过就算了，也许开玩笑地催过他，可是他却郑重其事地记在心里，在写这封信时还不忘记提一笔。

读了这信，真不是“一叹”就能了事的。

同时附来的是一幅皮纸朱丝阑的卷子。写的是《归去来辞》。楷书。卷末题记说是应我“三十年前转托靳以之嘱”。在之琳的另一信中说她“今年（一九八一）八月在南德明兴（慕尼黑）客居三个月，回到美国新港，发现田园荒芜，手植菊已被草掩盖，连根都找不着，写信给我说，松还可以，菊何能存”。这似乎可以解释何以要写陶渊明此文的动机。但写此辞时在南德，在回美以前，她还没有看见“三径就荒”的情景。可见这一推测是不确的了。那么女书家到底为什么在去国三十年后写下了这么一篇《归去来辞》呢?

这“辞”可能是背写的，中间有遗漏。但重要的句子却一句都不曾缺少。

三十多年前收集的一批师友墨迹在十年前被抄没了。后来又意外地收回了其中的一部分。在我开始介绍这一组劫余书件时，题下了一个《珠还记幸》的总题，表示了一种意外侥幸的高兴心情。失去的墨迹中就有靳以写的一张。他不是书家，但字迹却是秀丽的。平明出版社有许多新书的封面，就都是巴金抓住他写下的。现在却只能看到一封短笺的复印件。这封短笺被女主人带到国外，幸存下来，躲过了被抄没的厄运。抄不去的还有靳以三十年前的嘱托。现在她践了“宿诺”。

在这里记下的只是一些微不足道的小事，在有的人看来也许还是迹近“无聊”的小事。有一条奇妙的线在牵动着它们，这条线虽然细弱、飘忽，往来无迹，但它牵动的却可能是非常的重量。这在有些人是不可能理解的，也不应该要求他们理解。

一九八三、二、十八

【诗歌】

海底被囚的魔王[1]

张枣

一百年后我又等待一千年；几千年
过去了，海面仍漂泛我无力的诺言

帆船更换了姿态驶向惆怅的海岸
飞鸟一代代衰老了，返回不死的太阳

人的尸首如邪恶的珠宝盘旋下沉
乌贼鱼优哉悠哉，梦着陆地上的明灯

这海底好比一只古代的鼻子
天天嗅着那囚得我变形了的瓶子

看看我的世界吧，这些剪纸，这些贴花
懒洋洋的假东西；哦，让我死吧！

有一天大海晴朗地上下打开，我读到
那个像我的渔夫，我便朝我倾身走来

1 张枣：《张枣的诗》，人民文学出版社 2010 年版。

感恩

第二十八

【经典论述】

人之恩可念不可忘，人之仇可忘不可念。

——陈眉公[1]

我每天上百次地提醒自己：我的精神生活和物质生活都依靠着别人（包括生者和死者）的劳动，我必须尽力以同样的分量来报偿我所领受了的和至今还在领受着的东西。我强烈地向往着俭朴的生活。并且时常为发觉自己占用了同胞的过多劳动而难以忍受。

——爱因斯坦[2]

1　（明）陈眉公：《小窗幽记》，中州古籍出版社 2005 年版，第 319 页。
2　许良英等编译：《爱因斯坦文集》第三卷，商务印书馆 1979 年版，第 42 页。

【故事】

师之大者[1]

[日]黑泽明[2]
李正伦 译

位于御茶之水的京华中学在大地震时被烧光了。

我去看了遗迹，心里暗自高兴，这回可不得不延长暑假的假期了。

我这么写了，读者一定会觉得我这个家伙实在差劲。但一个成绩并不太优秀的中学生的实际想法确实如此，有什么办法呢?

我本来就直率得过了头。在学校里淘了气，班主任问这是谁干的，我总是老老实实地举起手。于是，这位老师就在我成绩表上的操行栏里画个零。后来，班主任换了。我违犯校规时，照旧老老实实地举手承认，可是他说老实承认就很好，在操行栏里给了我一百分。

那时我不知道哪个老师是对的，但是我喜欢给我一百分的那位老师。他就是说我的作文是京华中学创立以来最好的文章的小原要逸老师。

1 黑泽明：《蛤蟆的油》，李正伦译，南海出版公司 2006 年版。
2 黑泽明（1910—1998），日本当代电影导演、编剧。

当时，京华中学毕业生报考帝国大学（现在的东京大学）的合格率极高，并且以此自豪。但是小原老师常常对学生们说："如果是私立大学，那就连妖怪也上得了。"现在的私立大学，妖怪是上不了的。不过，有钱也行。

我很喜欢教国语的小原老师，当然也喜欢教历史的岩松五良老师。

后来我同班同学的一位朋友在同窗会会报上发表文章说，岩松先生特别喜欢我。

岩松老师实在是了不起。真正的好老师并不摆为人之师的架子，岩松老师就是这样。他上课时，谁要眼睛瞧别处或悄声说话，他就用粉笔砸谁，所以他的粉笔很快就会用光。这样一来他就会说："没粉笔上不了课啦。"笑一笑便开始聊天。他这种聊天却远比教科书内容丰富。他的高超的教学本领，在期末考试时更显突出。考试时，为了监视学生，各个教室都派与考试课程无关的各位老师监考，学生知道岩松老师分到自己的教室，就会立刻欢声四起。原因是岩松老师不会监视学生。

如有学生为答不出题发愁，他就凑上去仔细地看那题。这时就会出现这种情况："你怎么啦？这个你都不会？记住，这个呀……"他认真地和那学生一同答题。最后说："你还没明白？笨蛋！"

这样说着便把答案写在黑板上。"怎么样？这回该明白了吧？"这样一来，什么笨蛋都明白了。

我的数学很差，但遇上岩松老师监考时，我准会拿百分。

有一次期末考历史，十个问题，全都是我答不出来的题目。

这次不是岩松老师监考，我一筹莫展。也算我的穷余之策吧，我只就第十题的“对三种神器[1]试述所感”信笔写了三张答题纸。内容大致是这样的：关于三种神器，我听了许多论述，但从未亲眼见过，所以谈感想就未免强人所难了。以八咫镜为例，谁见过实物呢？实际东西也许是方的，也许是三角的。我只能说我亲眼见过的东西，只相信经过证明确实存在的东西，等等。

岩松老师判完分数，发还试卷时大声说：“这里有一份奇怪的答卷。他回答了我出的十个题之中的一个题，可是很有趣。我第一次看到这样具有独立见解的答卷。写这个答卷的家伙有出息。给满分！黑泽！”说完，把那卷子捅给了我。

同学们都瞧我。我的脸红了，动都不敢动。

从前的老师中，有许多具有自由精神、个性突出的人物。相比之下，如今的老师，职员式人物太多了。确切地说，不是拿工资的职员式老师太多，而是官僚式的老师太多了。受这种人的教育，能管什么用呢？首先他们教的课干巴巴，学生感到没趣，就去看连环画册。这就难怪学生了。

我小学时代就有立川那样杰出的老师，中学时代有小原老师和岩松老师。这些老师理解我，为了让我发挥自己的个性，向我伸出过温暖的手。我完全是他们一手培养起来的。

后来我进了电影界，山本先生（导演山本嘉次郎）堪称最好的老师，伊丹万作导演虽然没有直接指教过我，但我曾得到他热情的关怀和鼓舞。

我受过出色的制片人森田信义的栽培，也曾受过约翰·福特的褒爱。除此之外，岛津保次郎、山中贞雄、沟口健二、小津安二郎、

1　作为皇位的标志，历代天皇继承的三种宝物，即八咫镜、天丛云剑、八坂琼曲玉。以前的历史学家把神话传说的这种东西作为正史中实际存在的宝物，并赋予神秘色彩。

成濑巳喜男等著名导演，都是我尊之为师的人，我都得到过他们的爱护与关怀。每当我想到这些人时，禁不住想高唱：

高山仰止

吾师之恩

但是，这些人如今都已不在人世。

【诗 歌】

活在珍贵的人间[1]

海子

活在这珍贵的人间
太阳强烈
水波温柔
一层层白云覆盖着
我
踩在青草上
感到自己是彻底干净的黑土块

活在这珍贵的人间
泥土高溅
扑打面颊
活在这珍贵的人间
人类和植物一样幸福
爱情和雨水一样幸福

1985.1.12

1 海子：《海子的诗》，人民文学出版社 2010 年版。

生死

第二十九

【经典论述】

以死来鄙薄自己，出卖自己，否定自己的信仰，是世间最大的刑罚，最大的罪过。

——罗曼·罗兰[1]

在亿万年地球存在期间，一个人只能有一次生命。这一次生命是十分难得的。我们每一个人都必须认识到这一点，切不可掉以轻心。

——季羡林[2]

1 ［法］罗曼·罗兰：《约翰·克里斯朵夫》（1），傅雷译，安徽文艺出版社 1996 年版，第 256 页。

2 季羡林：《季羡林妙语录》，老愚编，新星出版社 2010 年版，第 226 页。

【故事】

致米·米·陀思妥耶夫斯基[1]

(1849年12月22日，彼得堡，彼得保罗要塞)

[俄]陀思妥耶夫斯基[2]

郑文樾　朱逸森　译

哥哥，我亲爱的朋友！一切都已决定！我被判在要塞（好像是在奥伦堡）服四年苦役，尔后再当列兵。[3]今天，12月22日，把我们运到谢苗诺夫校场，在那里向我们宣读了死刑判决，让我们吻了十字架，在我们头顶的上方折断了长剑，给我们套上了死前殓衣（白布衫）。接着就把三个人绑上刑柱，以执行死刑。我排在第六个，叫名字时每三个人一批，因此我是在第二批，我还能活的时间不超过一分钟了。我想到了你，哥哥，想到了你家里所有的人。在最后一分钟里，你，只有你一个人在我的头脑中，这时我才知道，我多

1　选自《费·陀思妥耶夫斯基全集》（书信集上），陈燊主编，河北教育出版社2009年版。

2　陀思妥耶夫斯基（1821—1881），19世纪俄国作家。

3　1844年年末至1849年年初，彼得堡的一些有空想社会主义和民主主义思想的青年平民知识分子每星期五会集在米·瓦·彼得拉舍夫斯基（1821一1866）家，讨论理论问题和关于组织秘密革命团体、准备农民起义、建地下印刷厂和出版宣传品等问题。1849年4月23日，彼得拉舍夫斯基小组成员被捕。一百二十三人被审讯，军事法庭审讯了二十二人，其中二十一人被判处枪决（后改刑为期限不一的各种苦役和监禁劳动）。这个组织的领导人彼得拉舍夫斯基被判处终身服苦役。陀思妥耶夫斯基于1849年年初参加这个革命小组，判处假死刑，后改为服苦役四年，之后又当列兵。

么爱你，我亲爱的哥哥！我还来得及拥抱了普列谢耶夫[1]和杜罗夫[2]并同他们诀别，他们俩就站在我的身旁。终于响起了停止号，把绑在刑柱上的人带回原处，向我们宣读了皇帝陛下的圣旨：恩赐我们免死。接着宣读了真正的判决，只有帕尔姆[3]一人得到赦免，保留他原有官职调去军队。

亲爱的哥哥，刚才通知我说，今天或者明天我们就该出发。我请求同你见上一面，但回答我说这是不可能的；我只能给你写这一封信，你也尽快抓紧给我一个回音。我在担心，你大致知道了对我们的判决（死刑）。当把我们往谢苗诺夫校场押送时，我从车窗里看到无数的人群，很可能，这消息已经传到了你那里，而你正在为我痛苦。哥哥，现在你可以轻松些了。哥哥，我不灰心，也不绝望！生命不管在哪里总是生命，生命在我们自己身上，而不是在外部。在我身边将会有一些人，不管身处何种逆境，不灰心，不绝望，——这就是生命之所在，是它的使命之所在。我认识到了这一点，这种思想已经深入我的血肉。真的！我那颗进行过创造、以最崇高的艺术为生命、已经认识到而且习惯于精神上的崇高需求的头颅，已被人家从我的双肩砍下。剩下来的是记忆，以及一些由我创造出来但尚未加以体现的形象。它们一定会使我伤痕累累，真的！但我的心还在，我的血肉之躯还在，它同样能爱，能感受痛苦，能希望，能记忆，而这毕竟还是生命！ On voit le soleil！[4]

---

1 A.H. 普列谢耶夫（1825—1893），俄国涅克拉索夫派诗人，因参与彼得拉舍夫斯基小组活动于1849年被流放。

2 C. Φ. 杜罗夫（1816—1869），俄国诗人，彼得拉舍夫斯基小组成员，1849年被判服四年苦役，然后充军。

3 A. И. 帕尔姆（1823—1885），俄国作家，在自传体长篇小说《阿列克谢·斯洛博金》中他描绘了彼得拉舍夫斯基小组的活动情况。

4 法文：看见太阳！这是陀思妥耶夫斯基摘引自雨果《一个死囚的末日》中的一句话。原文是："苦役犯也走路，也运动，也看见太阳。"

好，再见吧，哥哥！别为我悲伤！现在讲一讲物质方面该做的一些事情。一些书（《圣经》留在我这儿了）和几张手稿（一个剧本和一部长篇小说的提纲草稿，已经写完的中篇小说《儿童故事》[1]）被他们拿走了，想必以后会落到你手中。我把我的大衣和一身旧衣服也留下了，如果你差人来取东西的话，把它们都拿去。现在，哥哥，我面临的也许是在解差押送下的长途跋涉，需要钱。亲爱的哥哥，如果你收得到这封信，如果有可能多少弄到一些钱，请你马上送来。现在对我来说钱比空气更为重要（由于一种特殊的情况），你自己也再给我写几句话。还有，如果莫斯科的那笔钱有着落的话，你关心我一下，别把我忘了……好，就说这些！欠了一些债，但有什么办法呢？！

请代我吻你的妻子和孩子们。你要经常在他们面前提到我，让他们不把我忘掉。也许，有朝一日我们还会见面？哥哥，你要保重身体，爱护家庭，平平静静地过日子，要有远见。要关心你的孩子们的前途……要正正派派地生活。

我内心的精神生活从来还没有像现在这样丰富和健旺，从未像现在这样沸腾。但肉体是否能承受得了？我不知道。我是带病上路的，我患着瘰疬病。但碰碰运气吧！哥哥！在生活中我已饱尝甜酸苦辣，因此现在很少有什么能使我害怕的。走着瞧吧！一有可能我就把自己的情况告诉你。

向迈科夫一家人转达我的最后的告别问候，告诉他们：我感谢他们大家，他们一直关心着我的遭遇。你代我向叶夫根尼娅·彼得罗芙娜[2]说几句尽可能温暖些的话，说你的心让你说的话。我祝愿

1 即《小英雄》。

2 批评家 B.H. 迈科夫和诗人 Ап. 迈科夫的母亲。

她非常幸福，我将永远怀着感激和尊敬的心情牢牢地记住她。代我握尼古拉·阿波隆诺维奇和阿波隆·迈科夫的手；然后再代我握大家的手。

你要找到亚诺夫斯基[1]，代我握他的手，代我谢谢他。最后代我握那些没有把我忘记的人的手。如果有人忘记了，那你就提醒他。代我亲吻科利亚弟弟。给安德烈弟弟写封信，把有关我的情况告诉他。请你给姨父和姨母写信，这是我以自己的名义请求你写的，代我问候他们。给妹妹们写信，我祝她们幸福！

也许，我们还会见面，哥哥。你要保重自己，看在上帝的分上，你一定要活到同我见面的那一天。兴许有朝一日我们将互相拥抱，在一起回忆我们昔日的、青年时的黄金时代，回忆我们的青春岁月和各种希望。这些希望我在此一瞬间把它们鲜血淋淋地从我心中挖出并加以埋葬。

难道我永远不能再执笔写作了？我想，四年后是有可能的。如果我能写出点什么，一定把写出的一切寄给你。我的上帝！有多少不久前由我体验出并塑造成的形象将埋没和消失在我的头脑之中，要不就将像一种毒液似的在血中泛滥！是啊，如果不能再写作，我必然要毁灭。宁可坐牢十五载，只要手能执笔。

常给我写信，写得详尽些，写得多些，精细些。在每封信中对家庭生活中的细节和琐事要多说几句，别忘了这一点，这将会赋予我以希望和生命。要是你知道在这单人囚室中你的信多么使我振奋，那该有多好啊！近来两个半月禁止通信往来，我十分难过。我有病，有时你不按时给我寄钱，我又为你痛苦：因为知道你自己

---

1 С. д. 亚诺夫斯基（1815—1897），医生。

也极其贫困。再一次亲吻几个孩子，他们的一张张可爱的小脸一直萦回在我脑际。唉！但愿他们能幸福！愿你也幸福，哥哥，愿你也幸福！

不过你别伤心，看在上帝的分上，别为我伤心！要知道，我没有灰心；要记住，我没有放弃希望。四年后境遇会轻松一些，那时我将成为一个列兵，——这可就不是囚犯了。你要考虑到，总有一天我会拥抱你。可不是嘛，今天我已临近死亡，怀着必死的念头度过了三刻钟，经历了生命的最后时刻，但我现在又一次活着！[1]

如果有人对我印象不好，如果我同什么人争吵过，如果我使谁产生过不愉快的印象，——请你告诉他们，让他们把它忘掉，当然，如果你有机会遇见他们的话。现在在我心灵中没有恼怒和愤恨，在生命的最后一瞬间我真想好好地爱以前的任何一个熟人，紧紧地拥抱他。这是一种快乐，今天我在临死前同我的亲人们告别时体验到了这种感情。在那一瞬间我想过，关于死刑的消息会使你痛不欲生。但现在你放心吧，我还活着，还将活下去，心中想着总有一天会拥抱你。现在我心中念念不忘的就是这一点。

你在做些什么？你今天想了些什么？关于我们的事你知道吗？今天多么冷啊！[2]

啊，但愿我的信快些到你手中。不然的话，我将会一连四个月左右得不到关于你的消息了。我看到几个纸袋，你用这几个纸袋在最近两个月里给我寄了钱，上面的地址是你亲笔写的，所以我很高兴，因为你身体健康。

1　陀思妥耶夫斯基在临刑时的感受以及在宣布赦免前的三刻钟的感想，在《白痴》中有所反映。梅什金公爵在一次谈话中（第 1 部，第 2 章），充满反对死刑的情绪。——俄编注

2　当时在彼得堡是零下二十一摄氏度。据彼得拉舍夫斯基小组的一位成员回忆临刑时的情况说，“我们都冻得发抖”。——俄编注

只要一回顾往事，我就会想到，多少年华浪掷了，在迷惘中、在谬误中、在无所事事和不善生活中白白地流失了多少时光，我多么不珍惜时间，我有多少次违背了我的心灵和精神，——一回顾这些往事，我心里痛苦万分。生命是大自然的恩赐，生活是一种幸福，每一分钟都能成为毕生的幸福。Sijeuness savait！[1]目前，在改变生活的时候，我将以新的样子再生。哥哥，我向你发誓，我决不会失望，我一定要保持我的精神和心灵的纯洁。我一定向更好的方面重新诞生，这就是我的全部希望和慰藉。

狱中生活已经差不多扼杀了我身上的肉体要求，不太纯洁的肉体要求，以前我不够保重自己。现在艰苦对我来说已不算什么了，所以你别害怕物质方面的困难会把我毁了，不可能有这种事情。唉，有一个健壮的身体就好了！

再见吧，再见，哥哥！我会给你写信的！你会收到我寄给你的关于我这次旅途情况的尽可能详细的汇报。但愿保持身体的健康，其他的一切到时候都会好的。

好，再见吧，再见，哥哥！紧紧地拥抱你，热烈地亲吻你。你要不心痛地记着我。请你别伤心，别为我伤心。下一封信中我一定告诉你有关我的生活情况。记住我对你说过的话：要计量好自己的生命，别浪费它，要安排好自己的命运，要关心孩子们。啊呀，什么时候能够、什么时候能够见到你就好啦！再见吧！现在我要和过去亲切的一切离开了，痛苦地抛开它！痛苦地把自己一分为二，痛苦地把心撕成两半！再见吧！再见吧！我会再见到你的，我确信，我抱着希望！你别变心，要爱我，别让自己的记忆淡漠，关于你

---

1 法文：如果青年时代能懂事就好了！

在爱我这一想法将会是我生活中的最佳部分。再见吧，再说一次再见！大家都再见吧！

你的弟弟费奥多尔·陀思妥耶夫斯基

在逮捕我时拿走了几本书，其中只有两本是禁书。你能否为自己弄到其余几本？我请求你，这些书中有一本是《瓦列里安·迈科夫文集》，是他的评论文集。这本书是叶夫根尼娅·彼得罗芙娜的，她把这本书当做她的珍贵物品赠给我。在逮捕我时，我请求过宪兵军官把这本书还给她，而且我还把她的地址告诉他。不知道这位宪兵军官是否已把书还她，请你打听一下！我不愿剥夺她的这一珍贵回忆。再见吧，再说一次再见。

你的费·陀思妥耶夫斯基

【诗歌】

咏死[1]

[英]雪莱[2]

查良铮 译

在你所必去的阴间，没有工作，没有谋算，没有知识，也没有智慧。

——《旧约·传道书》

像一个苍白、冰冷、朦胧的笑
　在昏黑的夜空，被一颗流星
投给大海包围的一座孤岛，
　当破晓的曙光还没有放明，
呵，生命的火焰就如此暗淡，
如此飘忽地闪过我们脚边。

人呵！请鼓起心灵的勇气
　耐过这世途的阴影和风暴，
等奇异的晨光一旦升起，
　就会消融你头上的云涛；

1 选自《雪莱抒情诗选》，查良铮译，人民文学出版社1999年版。
2 雪莱（1792—1822），英国诗人。

地狱和天堂将化为乌有，
留给你的只是永恒的宇宙。

我们的知觉由现世滋育，
　我们的感情也由它而生，
死亡必然是可怕的一击，
　使没有阅历的头脑感到震惊：
想到我们的所知、所见、所感，
都逝去了，像不可解的梦幻。

呵，坟墓的那边隐藏着一切，
　一切都在，除了我们这躯体，
只有这眸子，这美妙的听觉
　再也不能活着从那儿汲取
所有伟大和奇异的东西，
在无尽变幻的大千世界里。

谁讲过无言的死的故事？
　谁揭开过死后景象的帷幕？
谁到过曲折广阔的墓穴里
　把它下面的阴影向人描述？
或者把对现世的爱与恐惧
和未来的希望联在一起？

1816年

命运

第三十

【经典论述】

命运对我们并无所谓利害：它只供给我们利害的材料和种子，任那比它强的灵魂随意改变和应用，因为灵魂才是自己的幸与不幸的唯一主宰。

——蒙台涅[1]

真实的命运比起这些暂时的忧郁使人更多地担受痛苦，但也给人以更多的机会走向伟大，更多的勇气走向永恒。

——里尔克[2]

1 周辅成主编：《西方著名伦理学家评传》，上海人民出版社1987年版，第213页。

2 ［奥地利］里尔克：《给一个青年诗人的十封信》，冯至译，生活·读书·新知三联书店1994年版，第17页。

【故事】

德黑兰的死神[1]

[奥地利] 维克多·弗兰克[2]
赵可式　沈锦惠　译

我在奥斯维辛时，就曾暗自订下一个规则。这规则屡经考验，效果良好，后来大多数的难友都争相效尤。一切问话，我大都照实回答；但若问得不明确，我便缄口不答。问到年龄，我据实以告；问到职业，我答："医生"，但却并不详细答复。在奥斯维辛的第一个上午，一个挺进队员来到操场，大伙儿必须按四十岁以上、四十岁以下、金属工、机工（以此类推）……分成不同的队伍。后来接受体检，有疝气的又另组一个新队。我那队被赶到另一间土屋重新整队，经过再一次的分组和问话（关于年龄职业的），我被分到另一个小组，然后又被赶到另一间小屋，再重新组队。就这样一连循环了几次，把我搞得烦死了，尤其我后来发现自己竟处在一群言语不通的陌生人当中，心里真是闷闷不乐。不久，最后一次的分组总算结束；万没想到，我竟又回到最初所属的那一队！主事者根本没注意到我这段时间里换了几个房间，不过，我却明白在这几分

1　维克多·弗兰克：《活出意义来》，赵可式、沈锦惠译，生活·读书·新知三联书店 1991 年版。

2　维克多·弗兰克（1905—1997），奥地利心理学家。

钟之内，命运之神用了许多种不同的方式，放了我一马。

病人转运往“休养营”的消息一经发布，我的名字（也就是说，我的号码）赫然在目——因为也需要几名医生。不过，没有人相信目的地的确是休养营。几个星期前，当局就曾筹备过同样的换营计划；当时，每个人也都以为那是要转运到煤气间。结果，当局一宣布愿值夜班（夜班人人避之犹恐不及）者可以除名，立刻有八十二名俘虏自动请缨。一刻钟后，换营计划取消了，那八十二名可怜虫，却仍然列名于夜班名册上。这表示他们中大多数人，在两星期之内都会撒手西归。

如今，转往休养营的计划再度拟定，然而这究竟只是想榨出病人体内最后一滴劳力（即使只是短短的两星期）的阴谋，还是要送入煤气间，或竟真的是前往休养营，没有人知道。当晚十点差一刻，对我已颇有好感的主任医官偷偷告诉我说：“我已经向营本部报备过了，十点钟以前，你还可以划掉名字。”

我告诉他说，这不是我处世的方式，我已经习惯于顺其自然了。“这样. 我或许可以和我的朋友在一起。”我又说道。他的眼神流露着怜悯，仿佛他知道个中蹊跷似的。当下，他默默地握着我的双手，似乎是祝我平安——不是平安地活着，而是平安地蒙主恩召。我慢慢踱回我的住处，发觉有个好友正等着我。

“你真的要跟他们一起去吗？”他伤感地问着。

“对，我就要走了。”

他的眼眶涌出了泪水，我只好温言相慰。后来，我想到我该做一件事——立遗嘱。

“欧图，你听着，万一我没有回家和我太太见面，而且万一你见得到她，就告诉她说，我每天无时无刻不惦念着她，和她谈话。

记住了吗？第二，我爱她远超过任何人。第三，我和她婚后厮守的日子，虽然太短，但在我心中，却比任何事——包括我们在这儿所受的一切折磨——还要有分量。”

欧图，如今你在哪里？你还活着吗？从那次最后一晤以来，你又碰上怎样的遭遇？你找到你太太了吗？你是不是还记得我不顾你伤心落泪，硬要你一一牢记的每句话？

翌晨，我随队起程了。这一次倒不是阴谋，我们并非走向煤气间，而的的确确是走向休养营。原先怜悯我的那些人，则留在那个不久大闹饥荒的旧营里，而其饥荒现象，远比我们的新营还要严重。那些人力图自救，无奈回天乏术。几个月后，我重获自由，遇到一个从旧营出来的朋友。他告诉我说，当时他因为是个营警，曾经调查死尸堆里遗失的一块人肉。结果发现那块肉正在锅里煮着，便把它没收了。同类相食的事件竟然发生，我那时离开正是时候啊！

这使我不由得想起一则德黑兰死神的故事：一个有财有势的波斯人有天和他的仆人在花园中散步，仆人大叫大嚷，说他刚刚碰上死神威胁要取他的命。他请求主人给他一匹健马，他好立刻起程，逃到德黑兰去，当晚就可以抵达。主人答允了，仆人于是纵身上马，放蹄急驰而去。主人才回到屋里，就碰上死神，便质问他：“你干嘛恐吓我的仆人？”死神答道：“我没有恐吓他呀！我只是奇怪他怎么还在这里而已。今天晚上，我打算在德黑兰跟他碰面哩！”

【诗歌】

我的眼睛瞧瞧这个尘世[1]

[印度]泰戈尔[2]

吴岩　译

我的眼睛瞧瞧这个尘世，
我看到了人类的庞大集合——
他们世世代代唱着歌
以不同途径满足生与死各种需要。

他们划船，他们播种，他们收获；
他们在田野和城市里工作。
皇家的伞[3]丧失了，
战争的嚎叫再也听不见了，
胜利之柱忘掉了它自己的意义；
充血的眼睛，浸透鲜血的武器，
给自己蒙上了儿歌童谣的面纱。

1　选自《在大海边》（译文丛刊・诗歌特辑），上海译文出版社1983年版。
2　泰戈尔（1861—1941），印度诗人、哲学家、小说家。
3　皇家的伞：比喻皇帝无上的权力。

然而他们工作，
在或远或近的一个个国家里工作。
哼着歌，唱着歌，
他们使世界上歌声回荡。

在欢乐里，在苦难里，
人生之歌日夜嘹亮，
帝国覆亡，化为废墟，
然而他们工作，工作。

1941 年 2 月 13 日晨

人生意义

第三十一

【经典论述】

人生的意义不在于何以有生，而在自己怎样生活。你若情愿把这六尺之躯葬送在白昼做梦之上，那就是你这一生的意义。你若发愤振作起来，决心去寻求生命的意义，去创造自己的生命的意义，那么，你活一日便有一日的意义，作一事便添一事的意义，生命无穷，生命的意义也无穷了。

——胡适[1]

1 胡适：《答某君书》，《胡适文集》第2卷，人民文学出版社1998年版，第120页。

【故事】

我的病历[1]（节选）

[英] 霍金[2]
杜欣欣　吴忠超　译

人们经常问我：运动神经细胞病对你有多大的影响？我的回答是，不很大。我尽量地过一个正常人的生活，不去想我的病况或者为这种病阻碍我实现的事情懊丧，这样的事情不怎么多。

我被发现患了运动神经细胞病，这对我无疑是晴天霹雳。我在童年时动作一直不能自如。我对球类都不行，也许是因为这个原因，我不在乎体育运动。但是，我进牛津后情形似乎有所改变。我参与掌舵和划船。我虽然没有达到赛船的标准，但是达到了学院间比赛的水平。

但是在牛津上第三年时，我注意到自己变得更笨拙了，有一两回没有任何原因地跌倒。直到第二年到剑桥后，我母亲才注意到并把我送到家庭医生那里去。他又把我介绍给一名专家，在我二十一岁生日后不久即入院检查。我住了两周医院，其间进行各式各样的检查。他们从我的手臂上取下肌肉样品，把电极插在我身上，把一些放射性不透明流体注入我的脊柱中，一面使床倾斜，一面用 X

1　选自《霍金讲演录》，杜欣欣、吴忠超译，湖南科学技术出版社 2007 年版，有删节。
2　斯蒂芬·霍金（1942—　），英国剑桥大学教授，理论物理学家。

光来观察这流体上上下下流动。做过了这一切以后，除了告诉我说这不是多发性硬化，并且是非典型的情形外，什么也没说。然而，我合计出，他们估计病情还会继续恶化，除了给我一些维他命外束手无策。我能看出他们预料维他命也无济于事。这种病况显然不很妙，所以我也就不寻根究底了。

意识到我得了一种不治之症并在几年内要结束我的性命，对我真是致命打击。这种事情怎么会发生在我身上呢？为什么我要这样地夭折呢？然而，住院期间我目睹了在我对面床上一个我认识的男孩死于肺炎。这是个令人伤心的场合。很清楚，有些人比我还更悲惨，我的病情至少没有使我觉得生病。只要我觉得自哀自怜，就会想到那个男孩。

不知什么灾难还在前头，也不知病情恶化的速率，我不知所措。医生让我回剑桥去继续我刚开始的在广义相对论和宇宙论方面的研究。但是，由于我的数学背景不够，所以进展缓慢，而且无论如何，我也许活不到完成博士论文了。我感到十分倒霉，就去听瓦格纳的音乐，但是杂志上说我酗酒是过于夸张了。麻烦在于，一旦有一篇文章这么说，另外的文章就照抄，这样可以起到轰动效应。似乎在印刷物上出现多次的东西都必定是真的。

那时我的梦想甚受困扰。在我的病况确诊之前，我就已经对生活非常厌倦了，似乎没有任何值得做的事。我出院后不久，即做了一场自己被处死的梦。我突然意识到，如果我被赦免的话，我还能做许多有价值的事。另一场我做了好几次的梦是，我要牺牲自己的生命来拯救其他人。毕竟，如果我总是要死去，做点善事也是值得的。

但是，我没死。事实上，虽然我的将来总是笼罩在阴云之下，但我惊讶地发现，我现在比过去更加懂得享受生活。我在研究上取得了进展，我订婚并且结婚，我还从剑桥的凯尔斯学院得到一份研究奖金。

凯尔斯学院的研究奖金及时解决了我的生计问题。选择理论物理作为研究领域是我的好运气，因为这是我的病情不会成为很严重阻碍的少数领域之一。而且幸运的是，在我的残疾越来越严重的同时，我的科学声望越来越高。这意味着人们准备给我许多职务，我只要做研究，不必讲课。

直到 1974 年我还能自己吃饭并且上下床。简设法帮助我并在没有外助的情形下带大两个孩子。然而此后的情形变得更困难，这样我们开始让我的一名研究生和我们同住。作为报酬是免费住宿和我对他研究的大量注意，他们帮助我起床和上床。1980 年我们变成一个小团体，其中私人护士早晚来照应一两个小时。这样子一直持续到 1985 年我得了肺炎为止。我必须采取穿气管手术，从此我便需要全天候护理。能够做到这样是受惠于好几种基金。

我的言语在手术前已经越来越不清楚，只有少数熟悉我的人能理解，但是我至少能够交流。我依靠对秘书口授来写论文，我通过一名翻译来作学术报告，他能更清楚地重复我的话。然而，穿气管手术一下子把我的讲话能力全部剥夺了。有一阵子我唯一的交流手段是，当有人在我面前指对拼写板上我所要的字母时，我就扬起眉毛，就这样把词汇拼写出来。这样的交流十分困难，更不用说写科学论文了。还好，加利福尼亚的一位名叫瓦特·沃尔托兹的电脑专家听说我的困境后，寄给我他写的一段叫做平等器的电脑程序。这就使我可以从屏幕上一系列的目录中选择词汇，只要我按手中的开关即可。这个程序也可以由头部或眼睛的动作来控制。当我积累够了我要说的，就可以把它送到语言合成器中去。

最初我只在台式计算机上跑平等器的程序，后来，剑桥调节通讯公司的大卫·梅森把一台很小的个人电脑以及语言合成器装在我的轮椅上。我用这个系统交流得比过去好得多，每分钟我可造出十五个词。我可以要么把写过的说出来，要么把它存在磁碟里。我可以把它打印出来，或者把它“召来”一句一句地说出来。我已经使用这个系统写了两部书和一些科学论文，我还进行了一系列的科学和普及的讲演，听众反应很好。我想，这要大大地归功于语言合成器的质量。一个人的声音很重要。如果你的声音含糊，人们很可能以为你有智能缺陷。就我所知，我的合成器是最好的，因为它会抑扬顿挫，并不像一台机器在讲话。唯一的问题是它使我说话带有美国口音。然而，现在我已经和它的声音相互认同，甚至如果有人要提供我英国口音，我也不想更换。否则的话，我会觉得自己变成了另外一个人。

我实际上在运动神经细胞病中度过了整个成年。但是它并未能够阻碍我有个非常温暖的家庭和成功的事业。我十分感谢从我的妻子、孩子以及大量的朋友和组织那里得到的帮助。很幸运的是，我的病况比通常情形恶化得更缓慢。这表明，一个人永远不要绝望。

【诗 歌】

在生命的浪潮中[1]（节选）

[德] 歌德[2]

董问樵 译

在生命的浪潮中，
在行动的风暴里，
上涨复下落，
倏来又忽去！
生生和死死，
永恒的潮汐，
经纬的交织，
火热的生机：
我转动呼啸的时辰机杼，
给神性编织生动之衣。

1 歌德：《浮士德》，董问樵译，复旦大学出版社 1983 年版。
2 歌德（1749—1832），德国诗人、小说家。

兴趣

第三十二

【经典论述】

知之者不如好之者，好之者不如乐之者。

——孔子[1]

我觉得天下万事万物都有趣味，我只嫌二十四点钟不能扩充到四十八点，不够我享用。我一年到头不肯歇息。问我忙什么？忙的是我的趣味。我以为这便是人生最合理的生活，我常常想动员别人也学我这样生活。

——梁启超[2]

1 选自《论语·雍也》。

2 梁启超：《学问之趣味》，载周岚、常弘编：《饮冰室书话》，时代文艺出版社1998年版，第496页。

【故事】

嗜书魔[1]

[德]西格弗里德·伦茨[2]
林倩苇 译

我的祖父哈米卡·薛斯，他是个——我们说个大概——七十一岁的公子爷。那件事情发生的时候，他正在学阅读。事情是这样的：华利拉将军突然来偷袭我们的村庄，他带领着士兵从罗奇特诺沼泽出发，一路打架，又偷又抢地来到马祖里[3]，或者更确切地说，来到苏莱肯村，觊觎此地。他啊，见鬼了，越来越近，近到人们几乎可以闻得到他跟士兵们喝的那种劣质酒的味道。苏莱肯村的公鸡激动地四处乱跑，公牛扒着项圈，还有著名的苏莱肯羊也挤成了团。放眼望去，大家全跑来跑去，整个村子笼罩在各式各样的惶恐中——历史上这类事件不都如此?！

这时候啊，正如刚刚讲的，哈米卡·薛斯，我的祖父，正无师自通地在学看书。他已经读了这个和那个。“这个”就是一本马祖里的旧日历，里面附了许多圣诞节食谱；而“那个”就是多年前一位贩卖牲畜的商人遗忘在苏莱肯村的笔记。哈米卡·薛斯把这些读了又读，看了又看，每每有新发现时，更拍起手来，发出独特、低

1 西弗格里德·伦茨：《我的小村如此多情》，林倩苇译，南京大学出版社 2010 年版。
2 西弗格里德·伦茨（1926—2014），德国作家。
3 马祖里（Masuren），位于今波兰北部，曾为德国领土。

沉的欢呼声，总之，他无比狂热地迷上了阅读。没错，哈米卡·薛斯非常沉迷，迷到了异常忘我的地步。他只听令于一位统治者，马祖里都管这名统治者叫“杂汤给饥泰”（Zatang Zitai），意思就是“嗜书魔”，或讲得更明白点，“嗜书撒旦”。

苏莱肯村的所有人、所有动物都被吓得惊慌失措，只有哈米卡·薛斯，我的祖父，面对华利拉将军的威胁仍然无动于衷。就在他那巨大的食指滑过马祖里日历上的字里行间时，他的眼睛发亮，一字一字地念出声，手指还顺着字序移动，有如在临摹花环彩带，幸福地颤抖着。

正当他如此阅读的时候，一个瘦削的、明显受了惊吓的人进来了，这人名叫阿道夫·阿伯罗麦特，他这一生中唯一被人称道的，就只有那对粉红色的大耳朵。他带了一支特大号的猎枪，边挥动它边走到哈米卡·薛斯身旁，而且讲了以下这些话：

“哈米卡·薛斯，你最好先把你的研究搁一边去，否则，依这情势看来，那个华利拉很容易就可以拿你来进行他的研究。到时候，我想你的下场可能会比这本书更狼狈。”

哈米卡·薛斯，我的祖父，先是讶异地望着他的客人，接着生起气来。他已经被阅读迷得神魂颠倒，因此一时间还无法答话。但随后等回过神来时，他就站起身，一边按摩自己的脚趾，一边这么说：

“阿道夫·阿伯罗麦特，我觉得连你也好像不懂礼仪了。你怎么可以在我阅读的时候来打扰我！”

“还不是因为战争！”阿伯罗麦特说，“相信我，华利拉这个恶名昭彰的家伙一定是在沼泽里待得太无聊了。他正以最残暴的方式逼近这个村子。那个满身汗臭的酒鬼已经离我们相当近了，所以我们决定用我们的猎枪让他清醒过来。因此，哈米卡·薛斯，每支猎枪我们都需要，你的那支我们特别需要。”

“你这么说也没用，”哈米卡·薛斯说，“阿道夫·阿伯罗麦特啊，即使是战争，也不能拿来当作你无礼的借口。不过，这事情若真像你说得这么严重，那就把我的猎枪算进去吧，我会去的。”

于是哈米卡·薛斯亲吻他的书，把它放进一个隔火耐热的石壶里，接着拿起他的猎枪，并且背了一块巨大的熏肉在背上，然后他们两人走出房子。路上有几匹聪明的苏莱肯白马，无人骑乘，奔驰而过，它们惊恐地睁着大大的眼睛；狗儿哀鸣，鸽子们惊慌地拍翅飞往北方——历史上这类不幸的情景不都如此？！

这两名带着武器的先生停下来等着，直到马路变得空空荡荡，然后阿道夫·阿伯罗麦特说：“战斗地点嘛，哈米卡·薛斯，已经确定了。朋友啊，我们会驻守在一间狩猎屋里，那屋子以前为贡修尔贵族的贡许先生所拥有，离这里约十四里路，就在华利拉必经的路上。”

“我没异议。”我的祖父说。

于是他们出发前往，路上几乎一言不发，直到抵达这栋坚固的狩猎屋。他们把狩猎屋布置成防卫站，然后吸着烟草站岗。他们坐在一扇木窗前，借着厚厚的方形木板作掩护，观察这条华利拉必经的泥泞路。他们就这样坐着——我们说个大概——坐了八小时。这时，脑子里想着书的哈米卡·薛斯的脚趾开始冻得厉害，连按摩也没用，因此他站起来，四处张望，希望找个东西来生个小火。他四处推开东西，翻来翻去地查看，还顺便推落了一些东西。就在这番寻觅当中，他发现了——见鬼了——一本书，一本漂亮、轻便的小书。他的身体一阵哆嗦，内心发出极度喜悦的隆隆声。他匆匆地，有如犯了毒瘾般，把猎枪靠在一张椅子上，冲过去拿起书，读了起来。脚趾因冰冻造成的疼痛早就被他抛到九霄云外，在木窗前的阿道夫·阿伯罗麦特，以及来自沼泽的华利拉也被搁到一边去了。站岗放哨的哈米卡·薛斯早已不存在。

这时，您一定想象得到，危险正尽可能地摆出令人讨厌的姿态：它越来越靠近。它化为华利拉将军及其助手的身形，正逐渐接近。他们啊，可以说是很高兴，循着这条他们必经之路而来。这个华利拉，噢，老天哪，他看起来真像是从沼泽来的，连胡子也没刮。这个人嘛，声音低沉沙哑，当然也没有像每个忠厚老实的人一样表现出恐惧。他跟他那些背着猎枪、醉醺醺的护卫们一路走来，而且，哼，人人都想得到他做了什么事——他把自己当成了斯克区里平的行政首长，他就是这么做的。而且，他连靴子也没穿，不过就是脚底裹着破布一路走来罢了，这个华利拉！

阿道夫·阿伯罗麦特，在木窗旁值岗，看见这群沼泽来的恶棍走近，于是扣上猎枪的扳机。

“哈米卡·薛斯，”他叫着，“我已经瞄准那个撒旦了。”

而哈米卡·薛斯，大家想也知道，完全听不到他的叫喊。过了一会儿——在这期间华利拉可绝对没有留在原地不动——阿道夫·阿伯罗麦特又叫着：“哈米卡·薛斯，沼泽来的撒旦到了。”

“好，”哈米卡·薛斯，我的祖父说，“好，阿道夫·阿伯罗麦特，我马上到木窗那边去，然后一切就可以搞定。再让我看一小章就好。”

阿道夫·阿伯罗麦特把猎枪放到地上，躺到它的后面去，瞄准目标物，相当不耐烦地等着。他的不耐烦，讲得更明白些，其实是随着华利拉一步步接近而增强的激动不安。最后，几乎可以说在他的神经濒临崩溃之际，阿道夫·阿伯罗麦特跳起来，走向我的祖父，踢了他一脚——明理的人一定可以谅解——并大声说："哈米卡·薛斯，那个撒旦华利拉已经到了。"

"所有一切，"我的祖父说，"一定都会及时搞定的。不过，拜托你，让我再看最后五页。"阿道夫·阿伯罗麦特见他一副不打算起身的样子，只好独自走回他的木窗前，守在他的猎枪后面，开始拼命地射击。这一开火所引起的骚动极大，大到马祖里人从没听闻过。虽然他连半个沼泽恶棍也没射中，不过倒是强逼着他们找掩护，这种情况使阿道夫·阿伯罗麦特变得更莽撞。他在木窗前露面，且竭尽全力开火。他射击了很久，直到突然感到一阵剧烈、灼热的疼痛为止。他无比吃惊地发现，他那对粉红色大耳朵的其中一只被子弹射穿了。

您想，这时他还能怎么办？他丢下猎枪，奔向哈米卡·薛斯，我的祖父。这次，阿道夫·阿伯罗麦特这么说："哈米卡·薛斯，我受伤了。我在流血。假如你不来木窗这边的话，那个撒旦华利拉，相信我，十秒之内就会来到这里。到时候，就这情势来看，你恐怕就会被他做成油墨印刷品。"

哈米卡·薛斯，我的祖父，头也没抬地回答说："一切都会搞定的，阿道夫·阿伯罗麦特。不过，拜托你，这章还有两页就结束了。"

阿道夫·阿伯罗麦特，一手按住受伤的耳朵，迅速观察四周，然后用力打开一扇窗，一跃跳到外面去，在森林的灌木丛中消失得无影无踪。

正如大家所料：接下来，哈米卡·薛斯几乎读不到几行字，门就被撬开。是谁进来了？当然是华利拉将军。如你我所料，他马上走到我祖父那边去，用沙哑的声音吼叫并得意地大笑，这就是他的老样子，然后他说："你这只青蛙，快跳到我的手上来，我要把你吹得鼓鼓的。"这句话，毫无疑问，影射了他的出身和癖好。然而哈米卡·薛斯却回嘴说："可以，不过我还有一页半才结束。"华利拉可生气了，他揍了我的祖父一拳，而且愤怒地说了如下的话：

"你这只老蜥蜴，我现在就要把你分成两半，而且是慢慢地分。"

"还只剩下一页，"哈米卡·薛斯说，"老天啊，连三十五行都不到，这个小篇章就结束了。"华利拉感到惊愕，几乎从酒醉中又清醒过来，向他的一个跛脚随从借了一支猎枪。他把枪管对着哈米卡·薛斯的脖子说："你这根臭驴蹄草，我要用子弹把你射得粉碎。看好，这支猎枪已经扣上扳机了。"

"好好，马上好，"哈米卡·薛斯说，"还有十行，然后一切就搞定了。"

这时，知情的人一定能理解，华利拉和他那群无赖相当震惊，吓得扔下猎枪，赶忙逃回他们原本的地方去了，那个地方就是极其荒凉的罗奇特诺沼泽。

看见恶棍逃亡的阿道夫·阿伯罗麦特啊，无比惊愕，他悄悄地回来，手上拿着猎枪进门，走到这位忙着阅读的人身旁，默默地等着。哈米卡·薛斯读完最后一行之后，抬起头来，开心地笑着说："阿道夫·阿伯罗麦特，你好像有事要跟我说，是吗？"

诗歌[1]

[智利] 聂鲁达[2]

胡续冬　译

就是在那个年月……诗歌跑来找我。
我不知道，
我不知道它来自何方，来自冬天还是来自河流。
我不知道它是怎样以及何时到来的，
不，它们不是声音，
它们不是词语，也不是寂静，
但是，从一条街道上传来对我的召唤，
从夜晚的枝条上，
极其突然地从他人身上，
在猛烈的火焰或返程的孤独之中，
它触到了我，而我
没有面孔。

1　蔡天新主编：《现代诗 100 首・蓝卷》，生活・读书・新知三联书店 2005 年版。
2　聂鲁达（1904—1973），智利诗人，1971 年诺贝尔文学奖获得者。

我不知道该说些什么，
我的嘴无法命名事物，
我的眼睛顿失光明，
而某种东西，热病或是丢失的翅膀，
在我的灵魂里起身，
我找到了自己的方式
去破译那火焰
并写下第一行懒散的诗，
懒散得没有筋骨，只是胡言乱语，
只是一个什么都不知道的人
的智慧，
突然间，我看见脱了壳的、敞开的
天堂，行星，颤动的森林，
镂空的阴影，箭矢组成的谜语，
火焰和花，
席卷一切的夜晚，万物。

而我，无限小的存在，
在布满星辰的巨大空虚之中，
在相似物和神秘的影像之中沉醉，
我感觉自己纯粹是深渊的一部分。
我随星辰的滚动而前行，
我的心从风中松绑而去。

自我教育

第三十三

【经典论述】

迷时师度，悟了自度。

——惠能[1]

真正的教育是自我教育。

——雅斯贝尔斯[2]

学问必须自己求得来者，方才切实有受用。

——梁漱溟[3]

1 （唐）惠能：《六祖坛经》。

2 ［德］雅斯贝尔斯：《雅斯贝尔斯哲学自传》，王立权译，上海译文出版社 1989 年版，第 2 页。

3 汪东林：《梁漱溟问答录》，湖北人民出版社 2004 年版，第 330 页。

【故事】

读者的功能[1]

[乌拉圭]爱德华多·加莱亚诺[2]
路燕萍　译

那是塞萨尔·巴列霍[3]逝世半个世纪的时候，有许多纪念活动。在西班牙，胡利奥·贝莱斯[4]组织了一系列的讲座、研讨会和作品出版，还举办了一个展览，展出了诗人、他的乡土、他的时代和他的人民的图片。

就在那几天里，胡利奥·贝莱斯认识了何塞·曼努埃尔·卡斯塔尼翁，于是所有的纪念活动都变得相形见绌。

何塞·曼努埃尔·卡斯塔尼翁是西班牙内战中的陆军上尉，他为佛朗哥而战，战斗中他失去了一只手，并获得几枚军功章。

战后不久的一个夜晚，上尉偶然发现了一本禁书。他斗胆读了一行诗，读了两行，之后就欲罢不能。卡斯塔尼翁上尉，胜军英雄，通宵达旦、如痴如醉地一读再读塞萨尔·巴列霍，战败者的诗人的诗。天亮之后，他提出退役，不再从佛朗哥政府那里拿一分钱。

后来，他被投进了监狱，之后他流亡了。

1　爱德华多·加莱亚诺：《拥抱之书》，路燕萍译，作家出版社2013年版。
2　爱德华多·加莱亚诺（1940—　），乌拉圭记者、作家。
3　塞萨尔·巴列霍（1892—1938），秘鲁诗人。
4　胡利奥·贝莱斯（1946—1992），西班牙诗人。

【诗歌】

雾中[1]

[德] 黑塞[2]

钱春绮 译

在雾中散步真是奇妙！
一木一石都很孤独，
没有一棵树看到别棵树，
棵棵都很孤独。

当我的生活明朗之时，
我在世上有许多友人；
如今由于大雾弥漫，
再也看不到任何人。

诚然，不认识黑暗的人，
决不能称为明智之士，
难摆脱的黑暗悄悄地
把他跟一切人隔离。

1 选自《黑塞抒情诗选》，钱春绮译，百花文艺出版社1989年版。
2 黑塞（1877—1962），德国小说家、诗人，1946年诺贝尔文学奖得主。

在雾中散步真是奇妙！
人生就孑然独处。
没有一个人了解别人，
人人都很孤独。

读书

第三十四

【经典论述】

自孔子圣人，其学必始于观书。

——苏轼[1]

惟书不问贵贱贫穷老少。观书一卷，则有一卷之益；观书一日，则有一日之益。

——陈眉公[2]

阅读——而不是别的，可以给我比一个人的生命更多的生命，因为它从生命的深处增加了生命，尽管并不能在岁限上延长它。

——阿巴斯 · 马哈茂德 · 阿卡德[3]

1 （宋）苏轼：《李氏山房藏书记》，《苏轼文集》第二册，中华书局 1986 年版，第 359 页。

2 （明）陈眉公：《小窗幽记》，中州古籍出版社 2005 年版，第 318 页。

3 ［埃及］阿巴斯·马哈茂德·阿卡德：《我为什么喜欢读书》，载冯至主编：《世界散文精华·澳非卷》，江苏文艺出版社 1994 年版，第 288 页。

【故事】

戴震难师[1]（节选）

（清）段玉裁

先生（戴震）是年乃能言，盖聪明蕴蓄者久矣。就傅读书，过目成诵，日数千言不肯休。授《大学章句》，至“右经一章”以下，问塾师：“此何以知为孔子之言而曾子述之？又何以知为曾子之意而门人记之？”师应之曰：“此朱文公所说。”即问：“朱文公何时人？”曰：“宋朝人。”“孔子、曾子何时人？”曰：“周朝人。”“周朝、宋朝相去几何时矣？”曰：“几二千年矣。”“然则朱文公何以知然？”师无以应，曰：“此非常儿也。”

编者注：

戴震（1724—1777），字东原，清代著名语言文字学家、自然科学家、哲学家、思想家。这段文字选自段玉裁编的《戴东原先生年谱》。文中“是年”是指雍正十年，这一年戴震十岁。“就傅”是拜师的意思。《大学章句》为朱熹所注，“右经一章”以下，朱熹注曰：“孔子之言而曾子述之。其传十章，则曾子之意而门人记之也。”戴震就是针对这段注文提出他的问题来的。

1 （清）段玉裁：《戴东原先生年谱》，崇文书店1971年版。

迷信物[1]

[墨西哥] 塞尔西奥·皮托尔[2]
赵德明 译

众所周知，迷信物就是把超自然的能力，以及能给崇拜者带来好处的特性归功于某物或者某个动物。

我没有任何迷信物可以崇拜，更不要说拥有一辈子都保佑我的东西。除了一些照片和几本书，我家里没有任何来自童年、少年、青年时期的东西。有过一些绘画，随后献出去了，不像有人摆脱沉重负担那样，可是多少有一点激情。我曾经幸运地在旅行中遇到过一些图书珍品，最后也都处理了。我在许多城市居住过，这意味着经常搬家，只有一次搬家时我感到痛苦了。也许我从生活的不稳定状态中体会到了快感，处理我的东西时有一种小贩倒卖的快乐。我仅仅保留着信件，可也没有把信件看成是崇拜的对象。

桑丘是一条我宠爱的狗，如果它能成为我迷信的对象，我倒是很乐意；不幸的是，我不迷信它。桑丘走到我身边时，我从它眼睛里看出：我是它崇拜的对象，是它生活里认识的唯一强大和绝对崇拜的偶像。我收集过，有时也买过小宝石、琥珀、玉石，后来丢失

1　塞尔西奥・皮托尔：《逃亡的艺术》，赵德明译，南海出版公司 2006 年版。

2　塞尔西奥・皮托尔（1933—　），墨西哥作家、学者。

了，有几天的时间让我觉得自己容易受到世上危险的伤害。但是，这样的感觉很快就烟消云散了。我一度以为宝石具有保护能力，但是并不过分认真。我看到有股可以超越任何理智的力量之所在，那就是读书。如果我在读一本特定的书籍时收到一个好消息，那么这本书永远不会失去它的吸引力，也不会失去它的抚慰能力。因此，在旅行前夕，在等候一个重大决定时，或者等候交出一个射线照片时，我就强迫自己重新阅读那些已经表现出种种优点的书籍。我有四本抚慰性的关键书籍：博尔赫斯的《阿莱夫》、里查德·谢里丹的《情敌》、贝尼托·佩雷斯·加尔多斯的《查理四世王室》和《约瑟王的行囊》。

我用同样的方式消灭了一些图书，因为阅读它们时刚好撞上了一个坏消息、严重的灾祸或者必须做外科手术的通知。这样，我就丢掉了那些我原以为根本不可能处理的书籍。无论如何，我仍然认为如果雷霆劈向那些对我来说重要的作家时，幸运的是没有落到塞万提斯、胡安·鲁尔福、斯特恩或者亨利·詹姆斯身上。也就是说，他们是这样的作家：如果没有他们，生活就会是酷刑。因此，对于我与自己心爱的作家的交往，还要加上强烈的不安、提心吊胆、紧张而激动，因为我害怕当我正在阅读他们的作品时会发生某种不吉利的事情，担心不适时地来了传真、电话、带来坏消息的客人，那么，我就不得不永远地告别我心爱的作家了。

1996 年 2 月于哈拉帕

【诗歌】

夜读[1]

[美] 华莱士 · 史蒂文斯[2]

张枣 译

彻夜我坐着读一本书，
我坐着，读着，仿佛置身在书的
庄严的纸页中。

这是秋天，星星坠落，
覆盖那些匍匐在月色中的
皱巴巴的形体。

我的夜读无灯陪伴，只有
一个声音在嘟囔："万物
回归冰冷，包括

那些麝香葡萄串，
甜瓜和光秃园圃里

1 选自《张枣译诗》，颜炼军选编，人民文学出版社 2015 年版。
2 华莱士·史蒂文斯（1879—1955），美国诗人。

红亮的梨。”

庄严的书页没有字迹，只有
焚烧的星星的痕迹
密布在霜天里。

践行

第三十五

【经典论述】

有其言，无其行，君子耻之。

——《礼记》[1]

身体没有灵魂是死的，信心没有行为也是死的。

——《雅各书 2:26》

未有知而不行者。知而不行，只是未知。

——王阳明[2]

1 选自《礼记·杂记下》。
2 （明）王阳明：《传习录》，中州古籍出版社 2008 年版，第 29 页。

【故事】

三个问题[1]

[俄] 列夫·托尔斯泰[2]
林楚平　译

有一次，某个国王忽然想到，如果他总是知道开始做一件事情的适当时间，如果他知道谁是他该听取意见的恰当的人，而谁又是他应该避开的人，尤其重要的是，如果他总是知道什么是他该做的最重要的事，那么他做起事来就会万无一失了。

他想到这个主意之后，就晓谕全国，要是有谁告诉他：何时是开始行动的合适时间，谁是最需要的人以及他如何才能知道什么是他要做的最重要的事，他就将重重地赏他。

国王面前来了许多博学之士，但是他们的答案却各不相同。

回答第一个问题，有的人说，为了知道采取每个行动的适当时机，一个人必须事先列出一张年月日的行事日程表来，然后严格照表行事。他们说，只有这样，凡事才能在适当的时候完成。有的人说，要事先确定采取每个行动的适当时机是不可能的，一个人不沉溺于无聊的娱乐，凡在进行的事总是事必躬亲，然后，就做那最需要做的事，这就行了。还有人说，国王对于正在进行的一切不管是

1　列夫·托尔斯泰：《家庭的幸福》，林楚平译，浙江人民出版社 1983 年版。
2　列夫·托尔斯泰（1828—1910），俄国作家。

怎样的经心在意，要靠一个人来正确判断何时是采取行动的适当时机，也还是不可能的，他应该建立一个贤人会议，他们将帮助他决定做每件事的适当时机。

可是这时候又有人说，有些事是等不到提到会议上去就得立刻决定的。为了做出这种决定，你就得事先知道将会发生什么情况，而这只有术士才能知道。因此，为了知道采取每个行动的适当时机，你得请教术士才成。

对于第二个问题。答案也是各式各样的。有人说，国王最需要的人是他的顾问；另一些人说是教士；还有些人说是医生；另有一些人则说，最需要的莫过于武士。

对于第三个问题，即什么是最重要的事，有人回答说，世上最重要的事是科学；另一些人说是作战的技能；还有些人则说是宗教信仰。

所有的答案都互不相同，国王一个也不同意，也就没赏其中的任何人。但他仍然希望能找到问题的正确答案，所以决定去请教一位以其智慧而闻名遐迩的隐士。

隐士住在一片树林里，深居简出，除了普通老百姓以外，从不接待任何人。国王微服去拜访，在到达隐士的小庵之前就下了马，并且留下了扈从，只身前往。

在国王到来的时候，隐士正在他的庵前挖地。他见了国王，跟他打了个招呼，还是继续挖他的地。隐士又瘦又虚弱。他的铁锹每次下去挖起一点点土，就累得喘个不停。

国王走上前去对他说："我到你这儿来，圣明的隐士，是要请你回答三个问题：我如何才能知道在正确的时间做正确的事？谁是我最需要的人，我因此对他的话应该比对旁人的话予以更多的考虑？最后，什么是需要我首先关心的最重要的事？”

隐士静听国王说话，没有回答，然后只向手上吐口唾沫，重新挖起地来。

“你累了，”国王说，“让我来替你挖一会儿吧。”

“谢谢！”隐士说，把铁锹递给国王，在地上坐下来。

国王挖了两畦地，又停下来提出他那三个问题。隐士还是没有答话，只是站起来，伸手要拿那铁锹，并且说：

“现在你歇一歇吧——让我来挖会儿。”

但是国王不给他铁锹，还是继续挖地。一小时过去了，又过了一小时。太阳在树背后开始沉落，国王最后把铁锹插在地里，说：

“我到你这儿来，圣明的人，是为了给我的问题求得一个答案。要是你不能回答我的问题，你就直说好了，这样我也好回家去。”

“有什么人跑过来了，”隐士说，“我们瞧瞧，这是谁。”

国王转过身，看到一个长着一脸大胡子的人从林中跑出来。那人用手按住肚子，血正从手下面溢出来。当他到了国王那儿，就晕倒在地，声息微弱地呻吟着。国王和隐士解开那人的衣服，看见腹部有个很大的伤口。国王尽量把伤口洗净，用他的手帕和隐士的一条毛巾把它包扎起来。但是血还是不停地流出来，国王一次一次地把被血渗透的绷带解下来，洗净，再包扎起来。最后，血不再流了，那人缓过气来，要求给点水喝。国王给他拿来了清水。这时候，太阳已经落山，天气凉了。国王在隐士的帮助下把伤者扶到庵里，让他躺到床上去。这人静静地躺在床上，闭上眼睛。国王由于赶了路，又做了许多事，就在门槛上坐下来睡着了——他睡得那么酣沉，一个短短的夏夜就这样过去了。早晨醒来，过了好一会儿他才记起他这是在哪儿，那个躺在床上、用亮晶晶的眼睛盯着他看的那个大胡子陌生人又是谁。

“宽恕我吧！”大胡子看见国王醒了，正看着自己，就声音微弱地说。

“我都不认识你，有什么可宽恕的。”国王说。

“你不认识我，可我认识你。我就是那个誓死要亲自向你报仇的人，因为你处决了我的兄弟，又没收了我的财产。我得知你单独来看望隐士，就决心要在你回家的路上把你杀死。但是白天过去了，你没有回去，所以我就从埋伏的地方出来找你，恰好碰上你的扈从，他们认出我，把我打伤了。我于是逃出来，但要不是你把我的伤口包扎好，我就会流血而死。我想杀死你，而你却救了我的命。瞧吧，只要我活着，只要你也愿意，我将做你最忠实的奴隶，并且要我的孩子们也这样做。宽恕我吧！”

国王很高兴这么轻而易举地就跟他的敌人和解了，还交到了一个朋友。他不仅宽恕他，还说要派他的仆人和御医来看护他，又答应归还他的财产。

离开了伤者，国王又来到门廊那儿去找隐士。因为离开之前他还希望再一次为他提出的问题求得一个答案。这时候，隐士正跪在昨天翻了土的畦里播种。

国王对他说：“我最后一次请求你，圣明的人，回答我的问题吧。”

“你已经有了答案！”隐士说，他还屈着细腿蹲在地上，仰脸望着站在他面前的国王。

“什么答案？你这是什么意思？”国王问。

“你难道还不明白，”隐士说，“要不是你昨天可怜我衰弱无力替我挖地而不去走你的路，那个人就会袭击你，你也就会懊悔没有留在我这里了。所以最重要的时候就是你在挖地的时候；我是最重要的人；为我做好事是你最重要的事。之后，那人向我们跑来了，这时最重要的时候是你看护照顾他的时候，因为要不是你包扎好他的伤口，他就会来不及跟你和解就死了。所以他是最重要的人，你为他所做的事是你最重要的事。记住吧：只有一个时间是重要的，那就是现在！它之所以重要，就是因为它是我们唯一有所作为的时间。最重要的人是同你在一起的人，因为谁也不知道他以后究竟还会同别的什么人打交道。而最重要的事则是对他做好事，因为人生在世原就只为了这个唯一的目的！”

1903 年

【诗 歌】

风的君王 [1]

[叙利亚] 阿多尼斯 [2]

薛庆国 译

我的旗帜列成一队，相互没有纠缠，
我的歌声列成一队。
我正集合鲜花，动员松柏，
把天空铺展为华盖。
我爱，我生活，
我在词语里诞生，
在早晨的旌旗下召集蝴蝶，
培育果实；
我和雨滴
在云朵和它的摇铃里，在海洋过夜。
我向星辰下令，我停泊瞩望，
我让自己登基，
作风的君王。

1 阿多尼斯：《我的孤独是一座花园：阿多尼斯诗选》，薛庆国译，译林出版社2009年版。
2 阿多尼斯（1930— ），叙利亚诗人。

惜时

第三十六

【经典论述】

子在川上曰："逝者如斯夫，不舍昼夜。"

——孔子[1]

时间就是性命。无端的空耗别人的时间，其实是无异于谋财害命的。

——鲁迅[2]

1 选自《论语·子罕》。
2 鲁迅：《门外文谈》，人民出版社 1974 年版，第 41 页。

【故事】

没时间[1]

[意大利]安伯托·艾柯[2]
殳俏　马淑艳　译

我打电话向牙医预约，他则告诉我在未来一周内他连一小时的空当都没有，于是我唯唯诺诺数声就怕真的打搅了他，因为他是个严肃的专业人才嘛。但是别人邀请我参加研讨会，或圆桌会谈，或要我编辑某大师的纪念专辑，或写篇论文，或加入专家组成的课题小组时，如果我说我没空，那是没人会相信的。他们会说："别这样嘛，教授，像您这样的人物总是有大把大把时间的啦！"显然人家从来不把我们人文学者当作严肃的专业人才——在别人眼里，我们是一批游手好闲的家伙。

我做了一些计算，也鼓励我所有的同行都自行计算一番，然后告诉我正确与否。一个非闰年的正常年有8760个小时，假设每天睡眠8小时，花1小时起床、刮胡子、穿衣服，半小时刷牙和上厕所，不超过2个小时的时间吃饭，我们每年就用掉了4197.5小时。另外花2个小时在市区乱窜，每年也要用730个小时。

每周教3门课，每门课2小时，还要抽一个下午给学生开小灶，

1　安伯托·艾柯：《带着鲑鱼去旅行》，殳俏、马淑艳译，新星出版社2009年版。
2　艾柯（1932—2016），意大利哲学家、语言学家、小说家。

那就又用掉了100个小时。我花在大学里的时间——我将教学工作浓缩于20个星期里——是220个小时，外加24小时的考试、12小时阅读论文、78小时开系务会议和委员会议。平均每年读5篇论文，每篇平均350页，每页起码读两遍，一遍修订前，一遍修订后；以每页3分钟计，要花掉175个小时。较短的论文大部分都有助理代劳，但还是需要开6次会议，每次负责读4篇，平均每篇30页：阅读加上初步讨论，以每页5分钟计，这又要60个小时。还不包括我自己的研究，已经花了569个小时。

我编辑了一份叫VS的符号学杂志，每年出刊3次，共约300页。不算阅读稿件和退稿的时间，以每页10分钟计（评估、修订、校对），一共可以花掉50个小时。我又主编了两种与我本行有关的学术系列专著。一年6本书，总页数算它1800页；以每页10分钟计，又花去300个小时。我自己著作的翻译——论文、书、写给报章杂志的文章，研讨会上宣读的论文等，只考虑我可以进行核对的文种，我每年要读1500页，以每页20分钟计（阅读，对照原文，跟译者面对面或者通过电话、书信沟通），这又是500个小时。还有我自己的写作，即使不包括写书，光是论文、杂文、报告、授课笔记等，加起来轻轻松松就超过300页。如果再加上思考、做笔记、修订、发呆的时间，每页起码花1个小时——又是300个小时。我每周的杂志专栏，以最乐观的估计，要选题材、做笔记、参考几本书、打草稿、剪裁到适当长度、口述、寄走，每周又得花3个小时。乘以52周就是156个小时。最后还有我的邮件，虽然还有很多来信未回，但是我每周要奉献3个上午，从9点到13点，这就占掉了624个小时。

我还计算出来，光是去年，我只接受一成的邀约，并只参加跟我的专业有密切关系的研讨会，在会中提我自己或我同事的研究成果，以及在若干无可回避的公开场合露面（例如学术典礼、政府相关部门规定要参加的会议），我竟然投入 372 个小时积极参与此类活动（浪费掉的时间不算在内）。又因为很多这类活动在国外举行，旅行要花费 323 个小时以上。我的算法是，从米兰到罗马，包括搭出租车前往机场、候机、飞机航程、再搭出租车进入罗马、在旅馆安顿、前往会场，一共是 4 小时。若出差到纽约，单程就要耗 12 小时。

以上加起来，一共是 8121.5 个小时，从每年的 8760 个小时中减去，我就剩下了 638.5 个小时，换言之，每天是 100 分钟，可用于做爱、吹牛、参加葬礼、看病、购物、运动、看戏。你看得出，我还没有算进阅读工作范围以外的读书时间（书籍、杂文、漫画）。假设我利用旅行的时间阅读，223 个小时，5 分钟读一页，我有可能读 3876 页，约相当于 300 页的书 13 本。还有吸烟又如何？每月就算 60 支吧，如果每支烟要花半分钟（找烟、点烟、熄烟），一共就是 182 个小时。太奢侈了。我必须戒烟。

1988 年

【诗歌】

生命的驿车[1]

[俄] 普希金[2]

查良铮 译

有时候，虽然它载着重担，
驿车却一路轻快地驰过；
那莽撞的车夫，白发的“时间”，
赶着车子，从没有溜下车座。

我们从清晨就坐在车里，
都高兴让速度冲昏了头，
因为我们蔑视懒散和安逸，
我们不断地喊着：快走！……

但在日午，那豪气已经跌落；
车子开始颠簸，我们越来越怕

1 选自《普希金抒情诗选集》（上），查良铮译，江苏人民出版社 1982 年版。
2 普希金（1799—1837），俄国诗人。

走过陡坡或深深的沟壑，
我们叫道：慢一点，傻瓜！

驿车急驰得和以前一样，
临近黄昏，我们才渐渐习惯，
我们瞌睡着来到歇夜的地方——
而“时间”继续把马赶往前面。

警小

第三十七

【经典论述】

尽小者大，慎微者著。

——班固[1]

祸患常积于忽微。

——欧阳修[2]

多么善良的人也不能忽视谨慎之道。

——亨利 · 菲尔丁[3]

1 选自《汉书 · 董仲舒传》。

2 （宋）欧阳修：《伶官传序》。

3 ［英］亨利 · 菲尔丁：《弃儿汤姆 · 琼斯的历史》（上），萧乾译，太白文艺出版社2005年版，第121页。

【故 事】

我们这回运气好，没有风[1]

[南非]却·班纳特[2]
佚名 译

那是在克尼斯纳，一个老林工正解释如何伐树。他指出：要是你不知道那棵树砍了会落在哪里，就不要去砍它。“树总是朝支撑少的那一方落下，所以你如果想使树朝哪个方向落下，只要削减那一方的支撑便成了。”他说。我半信半疑，稍有差错，我们就可能一边损失一幢昂贵的小屋，另一边损坏一幢砖砌车库。

我满心焦虑，在两幢建筑物中间的地上划一条线。那时还没有链锯，伐树主要是靠腕劲和技巧。老林工朝双手啐口水，挥起斧头，向那棵巨松砍去，树身底处粗一米多。他的年纪看来已六十开外，但臂力十足。

约半小时后，那棵树果然不偏不倚地倒在线上，树梢离开房子很远。我恭贺他砍伐如此准确，他有点惊讶，但没说什么，不到一个下午，他已将那棵树伐成一堆整齐的圆木，又把树枝劈成柴薪。我告诉他，我绝不会忘记他的砍树心得。

他举起斧头扛在肩上，正要转身离去，却突然说：“我们运气

1　选自《外国散文名篇赏析》，李文俊等编，中国青年出版社 1993 年版。

2　却·班纳特，生卒年不详，南非著名外科医生，1967 年在开普敦完成全球第一例心脏移植手术。

好，没有风。永远要提防风。”

老林工的言外之意，我在数年后接到关于一个心脏移植病人的验尸报告时才忽然明白。那次手术想象不到地顺利，病人的复原情况也极好。然而，忽然间一切都不对了，病人死掉了。验尸报告指出病人腿部有一处微伤，伤口感染了肺，导致整个肺丧失机能。

那老林工的脸蓦地在我脑海里浮现。他的声音也响起来：“永远要提防风。”简单的事情，基本的真理，需要智慧才能了解。那个病人的死，惨痛地提醒我们“为山九仞，功亏一篑”这个道理。纵使那个伤口对健康的人是无关痛痒，但已夺去了那个病人的命。

老林工和他的斧子可能早已入土，然而，他却留下了一个训诫给我，待我得意之时用来警诫自己。人人都得意洋洋时，我会紧紧盯着镜中的影子，对自己说：“我们这回运气好，没有风。”

【诗歌】

消失的酒[1]

[法] 保尔 · 瓦雷里[2]

戴望舒 译

有一天，我在大海中
（我忘了在天的何方）
洒了一点美酒佳酿，
做奠祭虚无的清供……

美酒啊，谁愿你消亡？
我或许听了战士说？
或许顺我心的挂虑，
心想血液，手酹酒浆？

大海平素的清澄，
起了蔷薇色的烟尘，
又恢复了它的纯净……

1 选自《戴望舒诗全编》，浙江文艺出版社 1989 年版。
2 保尔 • 瓦雷里（1871—1945），法国诗人。

美酒的消失，波浪酩酊！
我看见苦涩的风中
奔腾着最深的姿容……

谦逊

第三十八

【经典论述】

傲骨不可无，傲心不可有。无傲骨则近于鄙夫，有傲心则不得为君子。

——张潮[1]

一个真认识自己的人，就没法不谦虚。

——老舍[2]

1 （清）张潮：《幽梦影》，中州古籍出版社 2008 年版，第 176 页。
2 舒济、舒乙编：《老舍小说全集》第 6 卷，长江文艺出版社 1993 年版，第 233 页。

【故事】

扁鹊的哥哥们[1]（节选）

（魏文侯问于扁鹊）曰："子昆弟三人其孰最善为医？"

扁鹊曰："长兄最善，中兄次之，扁鹊最为下。"

魏文侯曰："可得闻邪？"

扁鹊曰："长兄于病视神，未有形而除之，故名不出于家。中兄治病，其在毫毛，故名不出于闾。若扁鹊者，镵血脉，投毒药，副肌肤，间而名出，闻于诸侯。"

编者注：

1 闾：闾里，乡里。
2 镵（chán）血脉：用针灸刺激血脉。
3 投毒药：给人吃烈性的药物。
4 副：剖开。
5 间：顷刻。

1 选自《鹖冠子·世贤第十六》，中华书局1985年版，题目为编者所加。

【诗 歌】

启示[1]

杭约赫[2]

我们常常迷失在自己的小世界里，
拾到一枚贝壳，捉到一个青虫，
都会引来一阵欣喜。好像
这世界已经属于自己，而自己却
被一团朦胧困守住，
翻过来、跳过去，在一只手掌心里。

有一天忽然醒来，
烧焦了自己的须发，
从水里的游鱼、天空的飞鸟
得到了启示。于是
涉过水、爬过山，
抛弃了心爱的镜子，
开始向自己的世界外去找寻世界。

---

1 王圣思编：《海上文学百家文库 杭约赫、陈敬容、唐祈、唐湜卷》，上海文艺出版社2010年版。

2 杭约赫（1917—1995），中国现代诗人。

路旁石缝里的一株小草，
悬崖下的一泓泉水，
还有那些蹦蹦跳跳的小动物，
都在告诉我们一段经历，
教我们怎样去磨炼自己，
从这个起点到另一个起点。

今天，我们不会再轻易去叹息——
一朵花的凋谢，月亮的残缺；
一粒星的陨落，一只蛋壳的破裂，
都给我们预示了将要来到的

一些忧患，都给我们指点了
面前的路。
因它们生命的变幻
填平了多少崎岖和坎坷，
领我们到一个新的世界
——自己的世界之外的世界。

礼貌

第三十九

【经典论述】

爱人者人恒爱之，敬人者人恒敬之。

——孟子[1]

凡待人，无贵贱贤愚，礼貌当如一。

——司马光[2]

礼仪不良有两种：第一种是忸怩羞怯；第二种是行为不检点和轻慢。要避免这两种情形，就只有好好地遵守下面这条规则，即：不要看不起自己，也不要看不起别人。

——约翰 · 洛克[3]

1 选自《孟子·离娄下》。
2 （宋）司马光：《涑水记闻》卷十五。
3 ［英］约翰·洛克：《教育漫话》，傅任敢译，教育科学出版社 1999 年版，第 118 页。

【故事】

康德在弥留之际[1]（节选）

[德] 卡尔·福尔伦德[2]
曹俊峰 译

到了1803年9月，他已经不能清晰地写下自己的姓名了。因此当必须在收据之类的文件上签字时，瓦西安斯基[3]可能获得了代为签署的全权，授权书应是康德自己签名的，而这一签名是年迈的哲学家留下的最后的手笔。他两眼视力很弱，已经找不到饭菜和汤勺了，要由忠实的助手把饭菜和餐具摆在他面前，或者放在他手里。不久之前还相当好的听力也趋于消失，而他的声音即使凑到近处也完全听不清楚。此外，他的表达也越来越模糊和难以理解，他也越来越不能听懂别人对他说的话。最令人稀奇的是他对他最后几年极其用心地研究过的专门学科的学术问题还保持一定的理解力，例如物理学、自然史、自然地理学和化学方面的问题。在最后的时刻他还能毫无障碍地背诵开普勒定律，在去世前六天还能在餐桌旁清楚地回答有关阿尔及利亚的柏柏尔人的生活方式的问题。除此之外，在他生存的最后两周里他做出了各种无意义的事情，例如把衣服翻出来又装进去。对与他最亲近的人他有时也会认错：首先是他的妹

1 卡尔·福尔伦德：《康德传——康德的生平与事业》，曹俊峰译，天津教育出版社2015年版。
2 卡尔·福尔伦德（1860-1928），德国哲学史家。
3 瓦西安斯基：康德的学生和助手。

妹，其次是瓦西安斯基，最后是他的仆人。从 1804 年 2 月 3 日起，他差不多完全停止进食。就在那一天，当他的医生、医学教授同时又是当时在任的大学校长埃尔斯诺（Elsner）来看望他时，他试图用各种各样不连贯的、只有当时刚好在场的瓦西安斯基能懂的词语来表达他的感激之情，感谢他在他（康德）面对多种“麻烦的邮件（mannigfachen Posten）”时所表现出来的“许多善意”。他不顾自己的衰弱，在医生就座之前不想坐下来。然后他就勉强地集中最后的力气，以真正显示出他的全部本性的话语说道：“我还没有失去对人性的情感。”

最后的八天其实只是一种慢性的死亡过程。在礼拜天，也就是 2 月 5 日，他还费力地与两个最亲密的人——瓦西安斯基和维吉兰蒂乌斯，一起坐到桌边，但什么也没有吃。当瓦西安斯基把他放到软垫上去时，他说出了他还记得的拉丁谚语：“现在一切都像作战一样处于最好的阵形之中，井然有序。”此后他变得更加虚弱和昏沉，“他昏昏沉沉，目光呆滞地坐着，一言不发”。只有当话题涉及科学对象时，他才偶尔有所表示，向别人暗示他还在这里。在上一年，他有几次表现得很粗暴，只要仆人做事令他不满意，还没弄清楚是怎么回事，他就想发火。现在他不再那样了，对每个人都心平气和。自从 2 月 7 日以后，他一直待在床上，除了在第二天中午有一次他白费力气地想找一只勺子喝汤。在星期四他的脸相显示出希波克拉底[1]所说的特征，从那以后他大部分时间都没有知觉。星期五上午他还认识瓦西安斯基，回报了他午间的问候，亲切地抚摸他的脸颊。当这个忠实可靠的人在次日问他是否还认识自己时，他已

1 希波克拉底：古希腊医学家，曾提出人体四种体液说。此处大概意指康德的体液已经失衡，病入膏肓。

经不能回答了，但他把苍白的嘴唇送过来想亲吻一下，这在他是很不寻常的举动。在最后一个夜里，也就是从2月11日到12日的夜里，这位朋友（瓦西安斯基）照旧守在他的卧榻旁，并经常递给他一勺由酒、水和砂糖混合而成的饮料，以便提神，直到最后他低声说："这是很好的（Es ist gut）。"这是从康德嘴里说出来的最后三个词。[1]

1 对这三个词历来有不同的理解，其含义可能是"这种饮料很好"，可能是"我就要解脱了，这很好"，可能是"我一生过得不错"，也可能是"这个世界是好的"。——译者

【诗歌】

礼貌

——为1918年的孩子而作[1]

[美] 毕晓普[2]

丁丽英　译

当我坐在驴车上时
我的祖父对我说：
“一定要记住
向你遇见的每个人打招呼。”

我们遇见一个走路的陌生人。
我祖父用鞭子碰了碰帽子。
“日安，先生。日安。多好的天气。”
我说，并在位置上鞠了个躬。

接着我们又看见一个认识的男孩，
他的肩上立着他的宠物——一只大乌鸦。

1　选自《伊丽莎白·毕晓普诗选》，丁丽英译，河北教育出版社2002年版。
2　毕晓普（1911—1979），美国女诗人。

“你长大可别忘记，总是要把每个人都捎上。”
我祖父说。于是威利
就爬上来和我们坐在一起，但乌鸦
却“哇”地叫了一声飞走了。我非常不安。
他怎么知道要去哪里？

但他一次只飞了一段路，
从一个栅栏顶飞到下一个栅栏顶；
而威利吹响口哨他就应声。
“一只好鸟，”我祖父说，

“他受过很好的训练。瞧，每当
跟他说话他回答得多好。
不管人还是畜生，那就是良好的礼貌。
要知道你俩都应该这么做。”

当汽车驶过，
弄了我们一脸灰，
可我们依旧扯开大嗓门
高声喊道：“日安！日安！天气真好！”

当我们来到胡斯特勒山，
他说驴子走累了，
我们就下地步行，
因为我们要养成良好的礼貌。

友谊

第四十

【经典论述】

独学而无友，则孤陋而寡闻。

——《礼记》[1]

人之相识，贵在相知，人之相知，贵在知心。

——孟子[2]

一死一生，乃知交情。一贫一富，乃知交态。一贵一贱，交情乃见。

——司马迁[3]

1 选自《礼记·学记》。
2 选自《孟子·万章下》。
3 选自《史记·汲郑列传》。

【故事】

鉴赏家[1]

汪曾祺

全县第一个大画家是季匋民，第一个鉴赏家是叶三。

叶三是个卖果子的。他这个卖果子的和别的卖果子的不一样。不是开铺子的，不是摆摊的，也不是挑着担子走街串巷的。他专给大宅门送果子，也就是给二三十家送。这些人家他走得很熟，看门的和狗都认识他。到了一定的日子，他就来了。里面听到他敲门的声音，就知道：是叶三。挎着一个金丝篾篮，篮子上插一把小秤，他走进堂屋，扬声称呼主人。主人有时走出来跟他见见面，有时就隔着房门说话。“给您称——？”“——五斤。”什么果子，是看也不用看的，因为到了什么节令送什么果子都是一定的。叶三卖果子从不说价，买果子的人家也总不会亏待他。有的人家当时就给钱，大多数是到节下（端午、中秋、新年）再说。叶三把果子称好，放在八仙桌上，道一声“得罪”，就走了。他的果子不用挑，个个都是好的。他的果子的好处，第一是得四时之先，市上还没有见这种果子，他的篮子里就已经有了。第二是都很大，都均匀，很香，很甜，很好看。他的果子全都从他手里过过，有疤的、有虫眼的、挤筐、破皮、变色、过小的全都剔下来，贱价卖给别的果贩。他的果

1　选自《汪曾祺文集·小说卷》（下），江苏人民出版社 1993 年版。

子都是原装，有些是直接到产地采办来的，都是“树熟”，——不是在米糠里闷熟了的。他经常出外，出去买果子比他卖果子的时间要多得多。他也很喜欢到处跑。四乡八镇，哪个园子里，什么人家，有一棵什么出名的好果树，他都知道，而且和园主打了多年交道，熟得像是亲家一样了。——别的卖果子的下不了这样的功夫，也不知道这些门道。到处走，能看很多好景致，知道各地乡风，可资谈助，对身体也好。他很少得病，就是因为路走得多。

立春前后，卖青萝卜。“棒打萝卜”，摔在地上就裂开了。杏子、桃子下来时卖鸡蛋大的香白杏，白得像一团雪，只嘴儿以下有一根红线的“一线红”蜜桃。再下来是樱桃，红的像珊瑚，白的像玛瑙。端午前后，枇杷。夏天卖瓜。七八月卖河鲜：鲜菱、鸡头、莲蓬、花下藕。卖马牙枣，卖葡萄。重阳近了，卖梨：河间府的鸭梨、莱阳的半斤酥，还有一种叫作“黄金坠子”的香气扑人个儿不大的甜梨。菊花开过了，卖金橘，卖蒂部起脐子的福州蜜橘。入冬以后，卖栗子、卖山药（粗如小儿臂）、卖百合（大如拳）、卖碧绿生鲜的檀香橄榄。

他还卖佛手、香橼。人家买去，配架装盘，书斋清供，闻香观赏。

不少深居简出的人，是看到叶三送来的果子，才想起现在是什么节令了的。

叶三卖了三十多年果子，他的两个儿子都成人了。他们都是学布店的，都出了师了。老二是三柜，老大已经升为二柜了。谁都认为老大将来是会升为头柜，并且会当管事的。他天生是一块好材料。他是店里头一把算盘，年终结总时总得由他坐在账房里哔哔剥剥打好几天。接待厂家的客人，研究进货（进货是个大学问，是一年的大计，下年多进哪路货，少进哪路货，哪些必须常备，哪些可以试销，关系全年的盈亏），都少不了他。老二也很能干，量布、撕布（撕布不用剪子开口，两手的两个指头夹着，借一点巧劲，嗤——的一声，布就撕到头了），干净利落。店伙的动作快慢，也是一个布店的招牌。顾客总愿意从手脚麻利的店伙手里买布。这是天分，也靠练习。有人就一辈子都是迟钝笨拙，改不过来。不管干哪一行，都是人比人，这是没有办法的事。弟兄俩都长得很神气，眉清目秀，不高不矮。布店的店伙穿得都很好，什么料子时新，他们就穿什么料子。他们的衣料当然是价廉物美的。他们买衣料是按进货价算的，不加利润；若是零头，还有折扣。这是布店的规矩，也是老板乐为之的，因为店伙穿得时髦，也是给店里装门面的事。有的顾客来买布，常常指着店伙的长衫或翻在外面的短衫的袖子："照你这样的，给我来一件。"

弟兄俩都已经成了家，老大已经有一个孩子，——叶三抱孙子了。

这年是叶三五十岁整生日，一家子商量怎么给老爷子做寿。老大老二都提出爹不要走宅门卖果子了，他们养得起他。

叶三有点生气了：

"嫌我给你们丢人？两位大布店的'先生'，有一个卖果子的老爹，不好看？"

儿子连忙解释：

"不是的。你老人家岁数大了，老在外面跑，风里雨里，水路旱路，做儿子的心里不安。"

"我跑惯了。我给这些人家送惯了果子。就为了季四太爷一个人，我也得卖果子。"

季四太爷就是季匋民。他大排行是老四，城里人都称之为四太爷。

“你们也不用给我做什么寿。你们要是有孝心，把四太爷送我的画拿出去裱了，再给我打一口寿材。”这里有这样一种风俗，早早就把寿材准备下了，为的讨个吉利：添福添寿。于是就都依了他。

叶三还是卖果子。

他真是为了季匋民一个人卖果子的。他给别人家送果子是为了挣钱，给季匋民送果子是为了爱他的画。

季匋民有一个脾气，一边画画，一边喝酒。喝酒不就菜，就水果。画两笔，凑着壶嘴喝一大口酒，左手拈一片水果，右手执笔接着画。画一张画要喝二斤花雕，吃半斤水果。

叶三搜罗到最好的水果，总是首先给季匋民送去。

季匋民每天一起来就走进他的小书房——画室。叶三不须通报，由一个小六角门进去，走过一条碎石铺成的冰花曲径，隔窗看见季匋民，就提着、捧着他的鲜果走进去。

“四太爷，枇杷，白沙的！”

“四太爷，东墩的西瓜，三白！——这种三白瓜有点梨花香味，别处没有！”

他给季匋民送果子，一来就是半天。他给季匋民磨墨、漂朱膘、研石青石绿、抻纸。季匋民画的时候，他站在旁边很入神地看，专心致意，连大气都不出。有时看到精彩处，就情不自禁地深深吸一口气，甚至小声地惊呼起来。凡是叶三吸气、惊呼的地方，也正是季匋民的得意之笔。季匋民从不当众作画，他画画有时是把书房门锁起来的。对叶三可例外，他很愿意有这样一个人在旁边看着，他认为叶三真懂，叶三的赞赏是出于肺腑，不是假充内行，也不是谀媚。

季匋民最讨厌听人谈画。他很少到亲戚家应酬。实在不得不去的，他也是到一到，喝半盏茶就道别，因为席间必有一些假名士高谈阔论。季匋民是大画家，这些名士就特别爱在他面前评书论画，借以卖弄自己高雅博学。这种议论全都是道听途说，似通不通。季匋民听了，实在难受。他还知道，他如果随声答音，应付几句，某一名士就会在别的应酬场所重贩他的高论，且说："兄弟此言，季匋民亦深为首肯。"

但是他对叶三另眼相看。

季匋民最佩服李复堂[1]。他认为扬州八怪里李复堂功力最深，大幅小品都好，有笔有墨，也奔放，也严谨，也浑厚，也秀润，而且不装模作样，没有江湖气。有一天叶三给他送来四开李复堂的册页，使季匋民大吃一惊：这四开册页是真的！季匋民问他是多少钱买的，叶三说没花钱。他到三垛贩果子，看见一家的柜橱的玻璃里镶了四幅画，——他在四太爷这里看过不少李复堂的画，能辨认，他用四张"苏州片"[2]跟那家换了。"苏州片"花花绿绿的，又是簇新的，那家还很高兴。

叶三只是从心里喜欢画，他从不瞎评论。季匋民画完了画，钉在壁上，自己负手远看，有时会问叶三：

"好不好？"

"好！"

1　李复堂，名鳝，字宗扬，复堂是他的号，又号懊道人。他是康熙年间的举人，当过滕县知县，因为得罪上级，功名和官都被革掉了，终年只做画师。他作画有时得向郑板桥去借纸，大概是相当穷困的。他本画工笔，是宫廷画家蒋廷锡的高足。后到扬州，改画写意，师法高其佩，受徐青藤、八大、石涛的影响，风度大变，自成一家。

2　仿旧的画，多为工笔花鸟，设色娇艳，旧时多为苏州画工所作，行销各地，故称"苏州片"。苏州片也有仿制得很好的，并不俗气。

“好在哪里？”

叶三大都能一句话说出好在何处。

季匋民画了一幅紫藤，问叶三。

叶三说：“紫藤里有风。”

“唔！你怎么知道？”

“花是乱的。”

“对极了！”

季匋民提笔题了两句词：

深院悄无人，风拂紫藤花乱。

季匋民画了一张小品，老鼠上灯台。叶三说：“这是一只小老鼠。”

“何以见得？”

“老鼠把尾巴卷在灯台柱上。它很顽皮。”

“对！”

季匋民最爱画荷花。他画的都是墨荷。他佩服李复堂，但是画风和复堂不似。李画多凝重，季匋民飘逸。李画多用中锋，季匋民微用侧笔，——他写字写的是章草。李复堂有时水墨淋漓，粗头乱服，意在笔先；季匋民没有那样的恣悍，他的画是大写意，但总是笔意俱到，收拾得很干净，而且笔致疏朗，善于利用空白。他的墨荷参用了张大千，但更为舒展。他画的荷叶不勾筋，荷梗不点刺，且喜作长幅，荷梗甚长，一笔到底。

有一天，叶三送了一大把莲蓬来，季匋民一高兴，画了一幅墨荷，好些莲蓬。画完了，问叶三：“如何？”

叶三说："四太爷，你这画不对。"

"不对？"

"'红花莲子白花藕'。你画的是白荷花，莲蓬却这样大，莲子饱，墨色也深，这是红荷花的莲子。"

"是吗？我头一回听见！"

季匋民于是展开一张八尺生宣，画了一张红莲花，题了一首诗：

红花莲子白花藕，
果贩叶三是我师。
惭愧画家少见识，
为君破例著胭脂。

季匋民送了叶三很多画。——有时季匋民画了一张画，不满意，团掉了。叶三捡起来，过些日子送给季匋民看看，季匋民觉得也还不错，就略改改，加了题，又送给了叶三。季匋民送给叶三的画都是题了上款的。叶三也有个学名。他五行缺水，起名润生。季匋民给他起了个字，叫泽之。送给叶三的画上，常题"泽之三兄雅正"。有时迳题"画与叶三"。季匋民还向他解释：以排行称呼，是古人风气，不是看不起他。

有时季匋民给叶三画了画，说："这张不题上款吧，你可以拿去卖钱，——有上款不好卖。"

叶三说："题不题上款都行。不过您的画我不卖。"

"不卖？"

"一张也不卖！"

他把季匋民送他的画都放在他的棺材里。

十多年过去了。

季匋民死了。叶三已经不卖果子，但是他四季八节，还四处寻觅鲜果，到季匋民坟上供一供。

季匋民死后，他的画价大增。日本有人专门收藏他的画。大家知道叶三手里有很多季匋民的画，都是精品。很多人想买叶三的藏画。叶三说：

“不卖。”

有一天有一个外地人来拜望叶三，叶三看了他的名片，这人的姓很奇怪，姓“辻”，叫“辻听涛”。一问，是日本人。辻听涛说他是专程来看他收藏的季匋民的画的。

因为是远道来的，叶三只得把画拿出来。辻听涛非常虔诚，要了清水洗了手，焚了一炷香，还先对画轴拜了三拜，然后才展开。他一边看，一边不停地赞叹：

“喔！喔！真好！真是神品！”

辻听涛要买这些画，要多少钱都行。

叶三说：

“不卖。”

辻听涛只好怅然而去。

叶三死了。他的儿子遵照父亲的遗嘱，把季匋民的画和父亲一起装在棺材里，埋了。

一九八二年二月二十八日

【诗歌】

我一旦失去了幸福，又遭人白眼[1]

[英] 莎士比亚[2]

屠岸 译

我一旦失去了幸福，又遭人白眼，
就独自哭泣，叹自己被人抛弃，
白白地用哭喊来麻烦聋耳的苍天，
又看看自己，只痛恨时运不济。
愿自己像人家那样：或前程远大，
或一表人才，或胜友如云广交谊，
想有这人的见识，那人的才华，
于自己平素最得意的，倒最不满意。
但在这几乎是自轻自贱的思绪里，
我偶尔想到了你呵——我的心怀
顿时像破晓的云雀从阴郁的大地
冲上了天门，歌唱起赞美诗来：
　我怀着你的厚爱，如获至宝，
　教我不屑把处境跟帝王对调。

1　选自《英国历代诗选》（上），屠岸译，译林出版社2007年版，此诗为莎士比亚十四行诗第29首。

2　莎士比亚（1564—1616），英国剧作家、诗人。

爱情

第四十一

【经典论述】

只有人才把道德带进了两性关系。他一旦爱上了一个人，就承担了尊重这种亲昵的友谊，并且要把它看作最大的幸福而珍惜它的义务。当一个人体验到真正的爱情时，他就会表现出自我牺牲的精神和巨大的道德力量。

——瓦西列夫[1]

恋爱的艺术，就它的最细腻最不着痕迹的表现而论，是一个男子和一个女子在人格方面发生最亲近的协调的结果。

——蔼理士[2]

---

1 ［保加利亚］瓦西列夫：《情爱论》，生活·读书·新知三联书店 1984 年版，第 33 页。
2 ［英］蔼理士：《性心理学》，潘光旦译注，生活·读书·新知三联书店1987年版，第455页。

【故事】

雨伞[1]

[日]川端康成[2]
叶渭渠 译

春雨似雾，虽然不会濡湿，却会浸润人的肌肤。跑出门口的少女看见少年的伞，这才察觉：

“呀，下雨呐？”

少女正坐在店门前。少年撑开雨伞，与其说是为了挡雨，莫如说是为了掩藏自己走过少女面前时流露出来的羞涩。

但是，少年默默地将雨伞移过去给少女挡雨。少女只有一侧肩膀在雨伞下。尽管挨淋，少年却难以启齿说出“请过来”，然后让少女靠近过来。少女虽然也曾想过自己用一只手扶着伞把，但总是想从雨伞下溜走。

两个人走进了照相馆。少年的父亲是个官吏，即将调任远方。这是为他拍的临别赠相。

“二位请并排坐在这儿。”摄影师指着长椅子说。

少年无法同少女并肩而坐，就站在少女的背后。为了让两人的身体在某一点上接合起来，他用扶着椅子的手指轻轻触摸少女的短

1 川端康成：《掌小说全集》，叶渭渠译，中国社会科学出版社1996年版。
2 川端康成（1899—1972），日本作家，1968年诺贝尔文学奖获得者。

外褂。这是他初次触及少女的身体。透过手指传导过来的微微的体温，使少年感受到一阵似是紧紧拥抱着赤身少女的温馨。

这一生中，每逢看到这张照片，也许就会想起她的体温来吧。

“再照一张好吗？二位肩并肩，把上半身照大些。”

少年只顾点点头。

“头发……”少年对少女小声地说。

少女猛然抬头望了望少年，脸颊倏地绯红，眼睛闪烁着光芒，充满了明朗的喜悦。像孩子般乖乖地碎步走到了化妆室。

方才少女看见少年经过门口，顾不及整理一下头发就飞跑出来，头发蓬乱得像是刚摘下游泳帽似的。少女一直为这乱发耿耿于怀，可是在男子面前连拢拢两鬓的短发修饰一下也觉着害羞。少年也觉得，如果对她说声“拢拢头发吧”都会羞辱少女的。

向化妆室走去的少女那股子快活劲儿，也感染了少年，喜悦之余，两个人理所当然地互相偎依坐在长椅子上。

刚要走出照相馆，少年寻找起雨伞来。忽然看见先走的少女已经手里拿着那把雨伞站在门口。少女发现少年望着自己，才意识到自己是拿着少年的雨伞走出来的，她不觉一惊。这种无意识的举止，难道不正是流露出她已经感觉到“那是他的东西”了吗？

少年难以启齿说出“让我拿雨伞吧”，少女则无法把雨伞交给少年。然而，此时此刻两个人与在前来照相馆的路上迥异，突然间变成了大人，带着夫妻般的心情踏上了归途。这仅仅是关于雨伞的一桩韵事……

【诗歌】

爱的炼金术[1]（节选）

[古波斯]鲁米[2]

康有玺　译

你来到我们中间，
从另一个世界，

从这个星球之外
和虚无，
带着超越万物的、纯洁的、
无法想象的美丽，
带着来自你的
爱的精华。

世俗的牵挂，
麻烦和忧愁，
由于你的在场而消失了。

1　鲁米：《爱的火焰》，康有玺译，宗教文化出版社2013年版。
2　鲁米（1207—1273），古代波斯伊斯兰苏菲派哲学家，诗人。

你带来的愉快，
给统治者和被统治者，
给农夫和国王。

你迷惑了我们，
用你的恩宠，
所有的邪恶
都转换为
好的。

你是炼金术家的主人，
你是爱火的灯。
在大地和天空，
在内心和灵魂，
在所有的存在之中。

通过你的爱，
存在和非存在融合为一体，
所有的对立面联合在一起，
所有的污秽
再次被转换为圣洁。

两性

第四十二

【经典论述】

性爱具有独占性，但同时也是通过爱一个人，进而爱全人类，爱一切生命。

——弗洛姆[1]

假使我们的文明教会了我们怎样让性感染力适当而微妙地流动，怎样保持性之火的纯洁和生机勃勃，让它以不同的力量和方式交流和闪烁，或发光，或熊熊燃烧，那么，也许我们就能——我们就能——终生生活在爱中。

——劳伦斯[2]

1 ［美］弗洛姆：《爱的艺术》，李健鸣译，商务印书馆 1987 年版，第 41 页。

2 ［英］劳伦斯：《性与美》，叶胜年译，《外国散文百年精华》，人民文学出版社 2001 年版，第 59 页。

【故事】

高玩[1]

龙应台

安安和弗瑞弟关在房间里，安静了很久。太久了，妈妈就觉得有点不对劲。敲敲门。

“等一下等一下。”里头窸窸窣窣显然一阵慌乱。

房门终于打开的时候，安安一只手还扯着裤带，弗瑞弟则根本把裤子给穿反了。

妈妈看着两个人尴尬的神色，好奇极了：

“你们在做什么？”

“没什么啦！”安安边系皮带，边说，“我们只是……”

“？”

“我们只是，”安安顿一下，似乎在思考妈妈是不是个可以说实话的对象，“我们只是在研究我们的挤急。”

“哦——”妈妈笑了，但不敢大笑，稍微小心地问：“研究结果怎么样？”

看见妈妈有兴趣，安安兴奋起来，一把抓过弗瑞弟，“妈妈，你知道吗？我的挤急跟别人都不一样，弗瑞弟，把你裤子脱掉。我的挤急很肥，圆圆的，别人的都是前面细细尖尖的，快点嘛弗瑞弟，

1 龙应台：《孩子你慢慢来》，文汇出版社 2005 年版。

让我妈妈看看你的挤急——”

两个小男孩七手八脚地把裤子拉扯下来，妈妈不看都不行。一看，果真安安的挤急又肥又圆，弗瑞弟的又尖又细。

“你知道吗？妈妈，我跟同学一起比赛尿尿，他们的尿都是一条线，射得长长的，我的就像洗澡的那个那个什么——？”

“莲蓬？”

“对，像莲蓬一样，我的尿是洒开的。”

“那是因为你的挤急开过刀，记得吗？”妈妈弯下腰来帮孩子把裤子穿上。

“我知道，以前洞太小，所以医生把它开大了，现在像莲蓬一样。弗瑞弟，你懂吗？”

妈妈咚咚下楼去。七岁的安安检查自己和弗瑞弟的挤急，好像还没见过他研究弗瑞弟的妹妹。小白菜今年四岁，是三岁半的飞飞的女朋友。飞飞倒是观察敏锐。前几天，当他和小白菜一块儿洗澡的时候，他就已经慎重地下过断语：

“妈妈，小白菜没有挤急。”

妈妈正坐在马桶盖上看书；孩子们在澡缸里的时候，她总是坐在马桶盖上看书。“妈妈也没有挤急。”飞飞又说，然后对着澡缸里的小白菜翻译一次：“Patricia，meine Mami hat auch Kein Penis.”

满脸泡沫的小白菜点点头，一副接受批评的样子。

妈妈想起飞飞在台湾的小表姊嘟嘟。和飞飞只差几天的嘟嘟在澡缸里看见了飞飞的挤急，湿漉漉地爬出澡缸，奔向母亲，气急败坏地话都说不清了：“妈妈，飞飞跟嘟嘟一样大，为什么他的挤急已经长出来了我的还没有？”

飞飞对生理学的认识，完全来自澡缸。和妈妈一块儿泡着水，那是更小的时候，他突然盯着妈妈的左胸，“妈妈，这是什么？”

妈妈说：“这，叫‘奶奶’。”

飞飞扑哧笑出声来，伸手去摸妈妈右胸，说：“那这，叫‘爷爷’！”

妈妈正愣在那里，飞飞已经低着头探索自己，自言自语地：“飞飞也有奶奶和爷爷，嗯，比较小。”

这个世界，常令两岁的飞飞觉得意外。譬如有一天，他看见妈妈要冲澡前自身上取下一片卫生棉。

“妈妈，”他迈着肥肥的腿踱过来，好看仔细些，“妈妈，你也用尿布哇？”

“哈哈哈哈——”一旁正穿着衣服的安安大声笑着，“底笛，那不是尿布，那是月经啦！你看上面有血——”

“有血啊——”飞飞的声音充满敬畏，轻轻地，“妈妈你流血啦？”

“没有啦底笛这个血不痛的！”生理学权威葛格很有耐心地解释：“妈妈肚子里有卵，卵就是蛋——”

“就是蛋——”

“卵排出来，就是血——”

“就是血——”

“一个月一次——”

“一次———”

“妈妈！”安安突然想起来什么似的，隔着稀里哗啦的水声扯着喉咙说：“男人有没有蛋呢？”

“没有——”妈妈在唏里哗啦的莲蓬下喊回去，“男人有精子你不是看过书吗？精子碰到卵就变成你和底笛——”

“可是我有卵蛋呀！”

“你说什么听不见啦！”

“我是说妈妈，”安安走近淋浴的毛玻璃，用喊的，“我也有蛋呀，两个，在挤急的下面。”

“哦！”关水，开门，“毛巾给我，安安。”

“飞飞给飞飞给！”小的抢着。

“那是睾丸，安安。”

“高玩？”安安想了一下，拾起拖鞋往外走，边走边念：“高玩高玩高玩……”

【诗歌】

春天（七）[1]

[奥地利] 里尔克

何家炜　译

从亚当的肋骨里
人们抽出了夏娃；
然而当她的生命结束，
她会到哪里去死？

亚当可会是她的坟墓？
是否，当她疲乏了，
该在一个合拢的男人体内
为她安置一席之地？

1　选自《里尔克法文诗》，何家炜译，吉林出版集团有限责任公司 2007 年版。

金钱

第四十三

【经典论述】

据财不能以分人者，不足与友。

——墨子[1]

不要拿不义之财，因为不义之财等于惩罚。

——赫西俄德[2]

财富对我们既不好也不坏，它给我们的只是物质和种子。我的心灵要强过财富，可以按心灵的要求改变和利用财富，这才是我们处境快乐与不快乐的唯一原因与主导。

——蒙田[3]

---

1 选自《墨子·修身》。

2 ［古希腊］赫西俄德：《工作与时日 神谱》，张竹明、蒋平译，商务印书馆 1991 年版，第 11 页。

3 ［法］蒙田：《蒙田随笔集》第一卷，马振聘译，上海书店出版社 2009 年版，第 56 页。

【故事】

石币之岛[1]（节选）

[美] 弗里德曼[2]
安佳　译

1899年到1919年，太平洋上密克罗尼西亚的加罗林群岛还是德国的殖民地。群岛的最西端是瓦普岛，或称为雅浦岛，当时，这个岛上的人口大约为5000到6000人。

1903年，一位名叫威廉·亨利·福内斯（William Henry Furness Ⅲ）的美国人类学家到这个岛上住了几个月，后来他根据这个岛上居民的风俗和习惯，写了一本引人入胜的书。他肯定是对这些岛民所实行的货币体制印象深刻，所以他给自己的书起名叫《石币之岛》（The Island of Stone Money，1910），我也按照他的书名，给我的第一章起了这个名字。

因为该岛不出产金属，他们的资源就是石头，他们的劳动都耗费在搬动石头和磨制石头上了，石头就像文明社会里的所有物和铸币一样，是劳动的代表物。

他们把自己的这种交换媒介称为费（Fei），费是由大而坚硬、

1　弗里德曼：《货币的祸害——货币史片段》，安佳译，商务印书馆2006年版。选入本书时，对少数文字做了改译。

2　米尔顿·弗里德曼（1912—2006），美国经济学家，1976年获诺贝尔经济学奖。

厚重的石轮组成，石轮的直径从1码到12码不等，石轮的中央有一个孔，这个孔的大小随石轮直径大小的不同而不同，人们可以在孔中插入一根杆，这根杆要符合孔的大小，而且要结实，这样才能负得起石轮的重量，便利搬运。这些石头“硬币”（是在离这个岛400里远的另一个岛上找到的石灰岩石），最初是由一些敢于冒险的当地探险人，在这个岛上开采并打制，然后再用独木舟和木筏运回雅浦岛的……

这种石币的一个显著特点是：货币的主人并非必须持有实物才能维系自己对货币的拥有权。在做成一笔交易之后，如果这笔交易所涉及的费太大，大到无法便利地搬动石币的地步，石币的所有者会很乐意接受单纯的所有权认可，他们甚至都不愿意费累去做个标记来表明这种交换，石币仍然静静地躺在以前那位拥有者的地头。

我有一位值得信赖的朋友，名叫法图玛（Fatumak），他曾经肯定地告诉我，他们村子附近有一户人家，这家的财富是不容置疑的——也就是说，他家的财富得到了每个人的认可——然而，没有一个人甚至这家人自己，亲眼看见过或触摸过这笔财富。这笔财富是一块巨大的费，这块费的大小是通过传说而众所周知的，而这个传说已经传了两三代人了。从那时一直到现在，这笔财富一直躺在海底！很多年以前，这家人的一位先祖，在探险寻找费之后，获得了这块大得出奇并极具价值的石头。这块石头后来被搬到了木筏上，准备运回家来。木筏行到半途中的时候，海上起了风暴，为了拯救自己的生命，这群人砍断了木筏的缆绳，任其漂流，石头也因此沉入海底，从人们的视线中消失了。这些人回家后，所有的人都证明说，费的体积极其巨大，质地尤其优良，石币的丢失也不能怪罪于拥有者。于是从那时开始，所有的人都从心底里承认，石头落入海中只是一个意外事故，这事故太小，小得不值得一提，离岸几千码的海水影响不了石币的买卖价值，因为石头已经凿制成适当的形式了。因此，这块石头的购买力依然存在，就像在人们的视线中毫发无损地躺在拥有者的家里一样……

雅浦岛上没有带轮子的交通工具，因此，岛上没有可以行车的道路，但岛上一直有几条清晰可辨的道路连接着各个居住点。1898年，德国政府从西班牙人手中买下了加罗林群岛后，获得了这个群岛的所有权，当时，岛上的这些道路或公路的状况非常差，有几个地区的首领得到通知，让他们必须把道路修好，而且要维护好。但是，用大块的珊瑚胡乱铺就的道路对赤脚走路的当地人来说，非常适宜。所以，这个命令反复重申了多次，仍然没有人在意。最后，德国统治者决定向抗拒命令的地方首领征收罚金。但是，用什么形式来体现这笔罚金呢？——后来，德国人想出了一个巧妙的办法，他们派出了一个人，走遍了那些抗拒命令地区的每一家石屋（Failu）和公共聚会场所（Pabai），去收取罚金。到那儿之后，这个人只需在一批最有价值的费上用黑色画一个十字，表明这块石头已经被政府征收了。这个办法真的很神，那些愁苦的贫苦民众马上就修好了连接岛屿两端的道路，而且修得很齐整。现在，这些道路看起来就像公园里的车道一样。然后，当局派出了几位办事人员，擦掉了画在石头上的十字。一眨眼的工夫，罚金抵消了，幸福的“石屋们”又重新获得了他们的资本所有权，并尽情享受着自己的财富。（第93页、第96—100页）

跟我一样，普通读者对此事的反应一定是：“这些人真傻，怎么这么莫名其妙？”然而，在我们尖刻地批评这些天真的雅浦岛民之前，我们可以思考一下美国历史上的一个事件。对于这件事，岛上的居民们可能也会做出与我们相同的反应。1932—1933 年，法兰西银行害怕美国不再盯住金本位，不再按一盎司黄金兑换 20.67 美元的传统价格兑换黄金。于是，法兰西银行要求美国联邦储备银行将它存在美国的大部分美元资产，转换成黄金。为了避免将黄金装船从海上运走，法兰西银行要求联邦储备银行把黄金存到法兰西银行的会计账簿上。作为一种回应，联邦储备银行的官员来到了金库，将与那笔资产等量的金锭放入了另外几个抽屉中，并且在这几个抽屉上贴了标签或是做了记号，以表明这个抽屉里的东西是法国的财产。这样，这些抽屉就像德国人在石头上做标记一样，也有可能“用黑色笔画一个十字”来标记。

后来的结果是，财经报纸用头条报道了这件关于“黄金的损失”以及对美国金融体系的威胁等等诸如此类的消息。美国的黄金储备开始减少，法国的黄金储备则在增加。市场认为美元走软，法郎走强。这种因法国向美国兑换黄金而造成的所谓黄金流失，是最终导致 1933 年银行业恐慌的众多因素之一。

联邦储备银行的看法，即由于在自己地下室里的抽屉上做了一些标记，美元就处于一个疲软的货币地位，与雅浦岛民的看法，即由于别人在他们的石币上做了一些记号，他们就变得比以前穷了，不是异曲同工吗？或者说，在法兰西银行的看法与雅浦家族的信念之间，即由于 3000 多英里以外的一个地下室里数个抽屉上的标记，法国的货币地位即增强了，与由于数百英里以外的水底下的一块石头，雅浦的某个家族就富裕了的看法之间，有什么真正的区别吗？就此而言，有多少人会对我们认为现存的构成自己财富的大多数东西，具有实实在在的确切的把握？我们所拥有的多数似乎是财富的东西都是记录在银行的账簿上，财产要由一张称为股票的纸来确定。

雅浦岛民将他们在遥远的岛屿上开采出来、经过打制并运回自己居住岛屿的石头，视为自己财富的具体表现形式。一百多年以来，文明社会则把从海底深处开采出来，花大力气进行冶炼，再经过长距离的转运，再次埋进精心设计的地下金库中的金块，视为自己财富的具体表现形式。

这两个例证（我们还可以另外举出一大堆例证）所阐明的是，既定的无可置疑的信念，一些重要的现象或错觉或“神话”，是如何导致货币事件的。我们自己的货币，即伴随我们长大的货币，以及管理货币的体制，在我们看来，显得那么“真实”而且“合理”。但是其他国家的货币，就算是单位购买力很高的货币，我们也常常将其视为一张纸，或不值钱的金属而已。

【诗歌】

采果集（27）[1]

[印度] 泰戈尔

汤永宽 译

萨纳丹在恒河边正数着念珠祈祷，一个衣衫褴褛的婆罗门来到他的面前说："救救我，我好苦啊！"

"我只有一只施舍碗了，"萨纳丹说。"我已经把我的东西都给光了。"

"可是大自在神托梦给我，"婆罗门说，"教我前来求你。"

萨纳丹忽然想起他曾在河堤边卵石堆里捡到一块无价的宝石，当时他想，有人也许需要它，便把它藏在沙里。

他给婆罗门指出了地点，婆罗门惊异地挖出了那块宝石。

婆罗门坐在地上，独自沉思，直到夕阳沉落在树林后面，放牛倌都赶着牛群回家了。

于是他站起来，缓步走到萨纳丹面前说道："大师，有一种财富足以藐视世间一切财富，请给我一丁点儿那样的财富。"

说罢，他把那块珍贵的宝石扔进了河里。

1 泰戈尔：《采果集》，汤永宽译，上海译文出版社 1989 年版。

挫折

第四十四

【经典论述】

三折肱，知为良医。

——左丘明[1]

对惩罚之地的最恰当的态度，是把它看成锤炼之地。

——史铁生[2]

1 选自《左传·定公十三年》。
2 史铁生：《灵魂的事》，天津教育出版社2010年版，第175页。

【故事】

最后一名[1]

[法] 马塞尔·埃梅[2]
李玉民 译

从前，有一名自行车运动员，名叫马尔丹，他每次参加比赛，总是最后一名到达，被其他运动员远远甩在后边，受到观众纷纷的嘲笑。他身穿一件浅蓝色运动衫，左胸前绣着一小朵长春花。只见他伏在车把上，牙齿紧紧咬住手帕，使劲蹬车的神气不亚于第一名。在最艰难的爬坡中，他的情绪无比高涨，眼睛射出炽热的光芒。看到他那闪亮的眼神、奋力鼓起来的肌肉，人人都说：

“嘿！瞧马尔丹的样子，看来他的竞技状态蛮高嘛。好极啦，他这次到达图尔城（或者波尔多城、奥尔良城、敦刻尔克城），准能名列前茅。”

然而，这次同从前一样，马尔丹还是最后一名。他一直希望能够得个好名次。他手头确实有点拮据，家里有妻子儿女要养活，而最后一名的收入是不多的。尽管他生活不顺心，可是从来没有人听到他抱怨过命运不公道。他到达图尔的时候（或者马赛、瑟堡），看热闹的人都哈哈大笑，奚落他说：

1　选自《埃梅短篇小说选》，李玉民译，人民文学出版社2004年版。
2　马塞尔·埃梅（1902—1967），法国小说家。

“喂！马尔丹！你是倒数第一名呀！”

马尔丹听到这样的玩笑后，从来不发脾气；他若是向人群瞥一眼，也总是含着淡淡的微笑，好像对人们说：“对，是我，马尔丹，我是最后一名，下一次会赶上去的。”车赛结束之后，他的比赛伙伴问他：

“怎么样，你对结果满意吗？这次挺顺利吧？”

“哦，还不错！”马尔丹回答说，“还算满意吧。”

他没听出来别人是在嘲笑他，也跟着别人笑。看着别人在朋友们的簇拥下，在一片恭贺声中走开，他甚至没有一点嫉妒的念头。最后，只剩下他孤零零一个人，因为，从来没有任何人在终点接他。他的妻子儿女住在乡下，村子位于巴黎通往奥尔良的公路旁。他赛车路过那里时，一闪而过，只能远远地望一望亲人。凡是有理想的人，生活自然与众不同，这是可以理解的。马尔丹爱他的妻子，也爱他的孩子们。然而，他是自行车运动员，比赛时中途不能停下来。他赚到点钱，就给家里寄去。他也经常想家，不过，比赛时不想（他正忙着呢），而是到了晚上休息、在他按摩因长途蹬车而疲惫的双腿时才思念家人。

睡觉之前，马尔丹总是做祷告，向天主汇报他一天的赛程，根本不想会不会惹烦了天主。他以为天主会关心自行车比赛，按说这种想法也对头。天主如果不熟稔各行各业，就不可能理解要具有一颗坦荡的心灵有多难。

“天主啊，”马尔丹祷告说，“还是讲讲今天的车赛吧。不知道是什么原因，结果总是老样子。说起来，我这辆车很好，是挑不出毛病来的。有一天，我心里琢磨，会不会脚蹬子里掉进了什么东西。于是，我不慌不忙，就像我同您聊天这样，把车子的零件一件一件拆开，结果一看，脚蹬子里没有一粒砂子，别的机件也一样。谁若是来对我说这辆车不好，我会回答说是好车，是名牌的。既然车没问题，那又是怎么回事呢？当然啦，人与人不同：体力、意志、智慧都不能相比。至于人嘛，天主啊，这正是您管的事情。我就是这样想的，因此毫无怨言。我非常清楚，在比赛中，总得有人是最后一名，这没有什么见不得人的。不，我不是发牢骚，不过说说而已。”

祷告完了，他合上眼睛，一觉睡到大天亮，没有做一个梦，醒来喜笑颜开，说道：“今天，我可要头一个到达。”

他想象自己荣获第一的情景：一名少女跑来向他献花，他把赢得的钱寄给妻子，想到得意处，便美滋滋地笑起来。他还仿佛看到报纸的报道：“在波利尼——斯特拉斯堡的分程赛中，马尔丹夺魁；经过反复争夺，他在这次短距离比赛中获胜。”他想第一想得入了迷，连名列第二都会感到难受，更不用说最后一名了。而其实呢，他已经不知不觉爱上了这最后的名次。

晚上到达斯特拉斯堡时，马尔丹还是往常的名次，观众哗然，纷纷嘲笑他。他有点莫名其妙，可是到了第二天，他进入下一程比赛时，照样充满必胜的信心。每天早晨，每次比赛出发时，这种伟大的奇迹都要在他充满希望的头脑中重演一遍。

巴黎到马赛的自行车比赛的前一天，在首都的赛手中间盛传，马尔丹要一鸣惊人，五十三名记者马上跑去采访他。

“问我对戏剧的看法吗？”马尔丹答道。“记得有一天，我经过卡尔松，偶然去市剧院观看《浮士德》演出，真替玛格丽特难过。我要说，倘使浮士德懂得一辆好自行车的意义，他就不会贻误青春，也不会起邪念，糟蹋了那个姑娘，那个姑娘也就肯定能找到丈夫了。这就是我的看法。你们现在问我，第一个到达马赛的将是谁。我可以直言不讳地告诉你们，这场车赛夺魁的将是我。”

记者散去之后，马尔丹收到一封香气扑鼻的书信，是一个叫莉莉雅娜的女人寄来的，信中邀请他去喝茶。莉莉雅娜是个放荡的女人，道德败坏，生活堕落，这类女人多得成灾。马尔丹先去赛车场，骑几圈试试车。出了赛车场，他直奔莉莉雅娜的住所，一点戒心也没有。他只拎一只小手提箱，里边装着他的运动服。

他向莉莉雅娜介绍自行车赛的情况，比赛中采取什么策略最高，如何保养自行车和自己的身体。这个荡妇故意提出些问题来挑逗他：

“马尔丹先生，怎么样按摩呢？”

说着，她把腿伸过去。马尔丹坦然地抓住这个堕落女人的腿，一点儿也没有动心，就像抓住一名运动员的腿似的，平静地解释说：

“就这样按摩，慢慢往上推。给女人按摩可不容易，对不对，因为她们的肌肉太松软。”

“如果发生车祸受了伤，您怎么抱我呢？”

她还提了一些别的问题；不过，那个女人说的话，不便全在这里重复。马尔丹老老实实地一一回答，丝毫没有觉察出她居心不良。她很想知道手提箱里装的是什么，马尔丹毫不迟疑，把自己的运动衫、运动裤、运动鞋拿出来给她看。

“哦！马尔丹先生，”莉莉雅娜说，“我真想看看您穿上运动衣是什么样子，我从来没有近看过。”

“既然您有这个兴趣，”马尔丹回答说，“我很乐意穿给您看。对不起，我到隔壁房间去一下。”

等他回来一瞧，发现莉莉雅娜穿得比他还要少，那情景就不便描述了。然而，马尔丹连头也没有低一低，他严肃地瞅着这个无耻的女人，频频点头说道：

“看得出来，您也想当自行车运动员。这事儿，我可要坦率地同您谈谈。依我看呀，自行车运动不适合女人。要论腿力，您可能会赶上我，这一点我并不怀疑。但是，女人有乳房，骑车跑二三百公里，这是非常沉重的负担，太太。还没有把孩子的问题算上呢，这也是一条原因。”

这番话又明智，又天真，莉莉雅娜听了深受感动，她终于明白美德有多么可爱。她一生罪孽很多，这时幡然悔悟，开始憎恨自己，流着甜蜜的眼泪说：

“我真是个疯女人，不过，从现在开始，我绝不再干了。”

“其实也没什么不好，”马尔丹说，“您现在看到了我穿运动服的样子；我再回避一下，到隔壁去穿好衣裳。您趁这工夫也把衣裳穿好，以后就不会再想当运动员了。”

两人各自穿好衣裳。多亏了马尔丹，可怜的女人恢复了名誉和对生活的乐趣，从此于心无愧了。马尔丹也带着她的祝福离开了。各家晚报登出了马尔丹的照片，他既不兴奋，也不骄傲，他用不着这种鼓噪就信心十足。次日一早从巴黎出发，马尔丹就落到最后，并且一直保持到底。他进阿尔勒城的时候，听说他的对手们已经到达终点马赛，但是，他仍然全力以赴。对其他赛手来说，比赛尽管已经结束，可是马尔丹心里并不气馁，还希望名列第一。各报记者这才明白上了当，非常恼火，都骂他是牛皮大王，建议他去参加“同龄驴子赛”[1]（这是文字游戏，不看体育报的人是不懂的），马尔丹对此毫不介意，依然信心十足。而且，莉莉雅娜也弃旧图新，在忠诚

1 法国有同龄马赛，以便选出各种年龄的最好的马，由此引出这句戏言。

街开了一个乳品店，字号为“好车店”，卖的鸡蛋比各处都便宜一个苏[1]。

随着年龄与经验的增长，马尔丹竞争的劲头也越来越大，他参加赛车的次数跟日历中的圣徒节一样多。他不知休息，一场自行车赛刚刚结束，又立刻报名参加另外一场。他的两鬓渐白，背也驼了，成了自行车运动这行的元老。但是，他并没有意识到这种变化，甚至连自己的年龄也好像忘记了。他还同过去一样，总是最后一个到达，可是眼睛却比从前瞪大了两三倍。他在祷告时说：

“天主啊，我不明白，我真不知道这是怎么回事……”

夏季有一天，他参加巴黎到奥尔良的自行车赛，正使劲爬一个他熟悉的山坡，忽然发现车带是瘪的。他到路边换车带的工夫，有两个妇女走过来，其中一个怀抱着刚生下几个月的小孩，向他打听说：

“请问，有一个叫马尔丹的自行车运动员，您认识吗？”他心不在焉地答道：

“我就是马尔丹，最后一名就是我。下一次比赛会赶上去的。”

“我是你的妻子，马尔丹。”

他抬起头，可是手还在不停地校正车带，一边充满感情地说：

“我真高兴……看来孩子们也见大了。”他看了看妻子怀里的婴儿，以为是他的孩子，就补充了这么一句。

他妻子有点尴尬，赶紧指了指一同来的年轻妇女说：

“马尔丹，她是你的女儿，个头儿长得赶上你了，她已经结婚了；

1　苏，法国旧辅币，20 苏合 1 法郎。

你的几个儿子也都成了家……”

“我真高兴，没想到孩子们都长这么大了，时间过得可真快……你怀里抱的，是我的外孙吗？……”

年轻妇女扭过头去，还是她的母亲回答说：

“不是，马尔丹，这不是她的儿子。是我的……我看你一直不回来……”

马尔丹一句话没讲，又接着安装他的车带，然后开始打气。他直起腰来的时候，看到妻子簌簌流泪，便喃喃地说：

“干自行车运动员这行，你知道是怎么回事，由不得自己呀……我经常想念你，当然啦，这跟在你身边还不一样……”

孩子哇哇哭起来，怎么哄好像也哄不好。马尔丹一时慌了神儿，只好拿起打气筒，对着孩子的鼻孔打气，一边还娇声娇气地说：

“你，你，你……”

婴儿破涕为笑。马尔丹亲了亲孩子，同家人告别。

“我耽误了五分钟，但是我并不后悔，何况我不用费劲就能赶上去。这次比赛，第一我稳拿了。”

他蹬车继续爬坡，两个女人目送他很长时间。只见他站立在车蹬上，身体的重量忽而偏向左边，忽而偏向右边。

“瞧他多吃力，”他妻子低声说，“从前，他爬什么山坡，只需用腿蹬车就能上去，身子根本不用离座位，那时到现在才不过十五年。”

马尔丹快到坡顶时，速度越来越慢，看上去好像要随时停下来。车子终于升到地平线，他打了一秒钟飞轮，只见他那身淡蓝色运动服同夏空融为一色。

马尔丹比谁都熟悉法国的各条公路，成千上万的里程碑，对他全是一副副熟悉的面孔，这几乎令人难以相信。很久以来，他已经是推着自行车上坡，这还累得上气不接下气，可是他总是相信他的福星高照。

“下坡时我就会赶上。”他喃喃自语说。

到达中途站时已经是晚上了，有时第二天才到，他仍然奇怪自己不是第一名。

“我的天呀，不知道是怎么回事儿……”

他的脸瘦成了皮包骨，上面布满深深的皱纹，颜色就像秋天的土路；头发也全白了，然而，他那双老花眼却闪烁着青春的光芒。蓝运动服在他枯干弯曲的躯干上飘动，本色已经褪完，好像染上了一层烟尘色。没有钱乘坐火车，他并不懊恼。等他赶到巴荣纳城，三天前自行车赛就结束了，人们已把这事忘得一干二净。他马上又跨上车到鲁贝城去，参加另一次刚刚开始的车赛。他走遍整个法国，上坡时步行，平地上骑车，下坡打飞轮时打盹，这样日夜不停。

“我这是在训练。”他常常这样说。

他到达鲁贝才听说，运动员出发已有一个星期。他点了点头，重新跨上车子，嘴里咕哝说：

“真遗憾，这次要是参加上了我准赢。没关系，从格勒诺布尔到马赛的那段比赛，我照样去参加，我正想熟悉一下阿尔卑斯山口的道路。”

可是，等他赶到格勒诺布尔，已经太晚了。此后，他无论到南特，到巴黎，到佩皮尼昂，到布雷斯特，到瑟堡，总是为时太晚。

“可惜，实在可惜，”他声音细微而颤抖地说，“不过，我会赶上去的。”

他不慌不忙地离开普罗旺斯，又奔向布列塔尼，或者赶往阿图瓦，去鲁西荣，或又转向汝拉山脉，去旺代地区。他一路上不时眨眨眼睛，冲着路碑说：

“我这是训练呢。”

马尔丹已经老迈不堪，双目几乎失明。但是，有他的那些里程碑朋友们，甚至每隔百米一块的小路碑的指引，他知道该向左拐还是向右拐。他的自行车也已旧得不行，车牌子老得无人知晓，连历史学家都从来没有听说过。车架子上的漆皮全部剥落，斑斑铁锈又都盖满了泥尘。车轮的辐条几乎全部断掉，但是，马尔丹的身体没什么分量，有五六根就能经得住。

“天哪，”他常常说，“我的车子倒蛮好，这方面我没什么可抱怨的。”

自行车带没了，轮辋着地，他照样骑，骑起来哗啦哗啦乱响。孩子们见了，一边扔石块打他，一边叫喊：

“打疯子呀！卖废铁呀！送疯人院去！”

“我会赶上去的。”马尔丹听不清，就这样答道。

多年来，他想报名参加车赛，可是总赶不上趟。有一次，本周内要在巴黎开始法国全程自行车赛；他离开纳尔博赶去参加，然而赶到那里已经是第二天了；当他听说运动员昨天才出发，心里非常高兴。

“今天晚上我会赶上他们的，”他说道，“第二阶段我就能夺魁。”

马尔丹骑着自行车出马约城门的当儿，被一辆卡车撞倒在马路上，自行车也散了架。他爬起来，双手紧紧握住车把，临死还说：

“我会赶上去的。”

【诗歌】

不屈[1]

[英]W.E. 亨利[2]

屠岸 译

冲破我头上的黑夜，不管它
　在两极之间漆黑如幽冥，
我感谢无论哪一位神祇，
　为了赐我以不屈的灵魂。

陷入了残酷命运的掌握，
　我决不退缩或大声哭嚷。
受到了机缘的沉重打击，
　我的头流血了，却依然高昂。

在这怒火和泪水后面，
　只有恐怖的阴影显威，

1 选自《英国历代诗选》（下），屠岸编译，译林出版社 2007 年版。
2 W.E. 亨利（1849—1903），英国诗人。

可是年复一年的威胁
　必将发现我永远无畏。

不管天堂门如何狭窄，
　天条上有多少惩罚规定，
我是我自己命运的主宰，
　我是我自己灵魂的首领。

勇气

第四十五

【经典论述】

仁者必有勇，勇者不必有仁。

——孔子[1]

匹夫见辱，拔剑而起，挺身而斗，此不足为勇也。天下有大勇者，卒然临之而不惊，无故加之而不怒。此其所挟持者甚大，而其志甚远也。

——苏轼[2]

乐意超越自己的那种生命，就是善的生命，善的生命就是勇敢的生命。

——保罗 · 蒂利希[3]

1 选自《论语 • 宪问》。

2 （宋）苏轼：《留侯论》。

3 ［美］保罗 • 蒂利希：《存在的勇气》，成穷、王作虹译，贵州人民出版社 1998 年版，第 29—30 页。

【故事】

害怕妈妈[1]

[意大利]罗·巴尔比[2]
赵洋仲 译

1938年10月20日，奥森·韦尔斯[3]通过美国一家电台的话筒进行了一场火星人入侵地球的模拟实况广播。那是根据H.G.威尔斯[4]四十年前写的一本书，即《星际战争》改编的一个广播剧。为了使它更为真实，故事情节假设发生在美国的几个不同地点。几位假想的“科学和政治权威”，如普林斯顿大学教授、天文学家理查德·皮尔逊和“内政部长”在广播中发表了讲话。因此，这次虚构的把戏非常成功，具有极强的说服力。但是，如果想彻底理解冲击美国公众的恐慌浪潮，必须考虑这次广播的年代——1938年，那时惊心动魄的经济萧条余波未尽，第二次世界大战的势态和征兆已经出现。

这样就发生了灾难性的一幕。听众冲出家门，如同无头苍蝇一样东碰西撞；无数汽车堵塞了街道；天主教徒跑进教堂忏悔末日即将来临；在南方的几个州里，人们聚集在广场上集体祈祷；空荡

1 选自《外国散文名篇赏析》，李文俊等编，中国青年出版社1993年版。

2 罗·巴尔比，生卒年不详，意大利记者、作家。

3 奥森·韦尔斯（1915—1985），美国电影艺术家。此处讲的是他的著名广播剧《世界大战：火星人进攻地球》。当时许多人对剧中情节信以为真，因此产生了大规模恐慌。

4 威尔斯（1866—1946），英国科幻小说家。《星际战争》是其代表作之一。

荡的城市成为抢劫者的乐园；新泽西州请求国民军干预。

这个事件表面看来是荒谬的，但却令人深思。同时，它再次证实，“流言”对人心浮动有多大的影响。我们已经在1789年的大恐怖中看到了它的作用，按乔治·勒费弗尔[1]的说法，那不过是个“特号假新闻”。在我们研究的其他历史事件中，散布不安的传闻强烈地助长了害怕心理的蔓延。

今天的情况同过去相比应该有所不同，因为公民的文化水平提高了，他们掌握了更广泛的信息，现代的通讯手段能使当局对流言采取“果断行动”。然而，问题可以从反面推理，正如韦尔斯的广播所引起的效果那样，消息不管真实与否，都以过去难以想象的速度传播开来，可以同时传送给世界各个角落的人们。所以，不管怎么说，我们抵抗乔治·奥威尔称之为“集体狂热病”的力量反而减弱了。

当然，“传说”的反响和可信性取决于听众兴趣的大小，也就是说同当时当地占统治地位的气氛有关。如果总的气氛是不安，如果像阿泽马在1793年的一份报告中说的那样，“民族情绪”是不知所措和无所适从，那么，流言就如同某些细菌一样找到了有利于繁殖的土壤。所以，如果说美国人一听到火星人入侵地球便恐慌万分，那就说明当时的“民族情绪”非常脆弱，无力抵抗情绪传染病的蔓延。

我们能否说“各民族的情绪”，甚至“世界情绪”今天变得更为坚强，具有更强的免疫力？可惜的是还不能这样说。我们每个人都有预感，甚至“知道”一切都可能发生，防不胜防。过去我们曾

1 乔治·勒费弗尔（1874—1959），法国历史学家，代表作有《拿破仑时代》等。此处讲的应是法国大革命期间流言对社会恐慌的加剧。

为征服了大自然的力量而感到骄傲，然而我们不得不看到，那只是我们的幻想：不仅地震、龙卷风和某些疾病仍然使我们担惊受怕，而且我们对生活环境进行的干预本身也毒化了我们的生活环境，使它失去平衡，以致使我们面临古人不曾遇到的一系列自然灾害。人类的环境再也不令人安心了。“聚在一起”很久以来曾是欣慰和保护的源泉，但今天已具有双重含义：一方面我们仍然需要“群体”，另一方面我们对组成群体的人越来越不信任。正是在人类聚集达到顶峰的地方，即在城市里，我们同类的存在引起我们的怀疑和不安，至少引起令人沮丧的感觉，在需要时任何人也不会向我们伸出援助之手。

在古代，对生活在城市的人来说，危险主要来自外部。蒙田曾详细描述过 17 世纪德国城市奥古斯塔为自身安全而修建的无数设施。城墙之内的危险远远低于城外，人们的害怕程度也远远小于城外，因为大家几乎都相互认识，还因为当时每一城市的居民都组成了一个真正的“大家庭”。

相反，现代城市不仅是建筑物和人群聚集的可怕怪物，而且由于现代城市是财富和权力高度集中的中心，它们已经成为充满紧张情绪的沸腾的熔炉，紧张情绪的对立面就是那种被称为“社会冷漠”的新现象。

读者可能还记得凯瑟琳·吉诺维斯事件。这位外号叫基蒂的美国姑娘是酒吧招待，1964 年 3 月 14 日夜里下班回家路上，在纽约皇后区的街道上被一精神失常的人杀害。当她最初因恐惧而喊叫时，上边住房的灯光亮了，人们从窗子里探出头来（据查证，这次凶杀的目击者有四十多人）。没有任何人进行干预，只是在姑娘由于受了长达半小时的折磨而死去并在凶手离开肇事地点后，才有人敢于报告警察局。

几天后，《纽约时报》的记者采访了这场悲剧的观众（否则如何称呼他们呢？）。他后来写道：“他们大多数没有表示反对，也没有感到为难和羞耻。看来主要是害怕卷入……一位家庭主妇说：‘我不想使我的丈夫受牵连。’另一位妇女说：‘我们当时认为是一对情人发生了口角，所以就回到床上睡觉了。’一个男人说：‘我当时很累。’另一个人说：‘我不知道。’第三个人也说：‘我不知道。’许多人都说：‘我不知道。’”

过去人类曾不得不首先提防来自人类以外的危险，而今天则不得不首先提防人类本身，提防自己的发明，自己激发起来的力量。这种力量正自动走向一个目标，那可能就是世界末日。对付这种危险并非易事，更容易的是假装不存在，即使存在，那也是发生在与我们没有直接联系的时间和地点。相反，如果我们一旦意识到它会把我们直接卷进去，那么几乎同时我们会感到没有力量自救。高尔基在其小说《福玛·高尔杰耶夫》中写道：“一个人乘船顺河而下。他的船可能是条好船，但船下的水很深……船是坚固的……但是，人一旦感到下面是深渊时，任何船也救不了他。”因此，我们喜欢这种被动的生活，这不仅表现在行动上，还表现在思想和感情上，把它当作自己的护身铁甲、保护膜。然而，某些偶然事件不时地使我们面对现实：一次意外的断电事故就足以让一切使我们感到如此骄傲和使我们生活变得如此舒适的进步毁于几分之一秒之中，而不是像龙萨[1]笔下的玫瑰花那样毁于一旦。那将不仅仅是倒退几百年的问题。因为如果没有电梯，我们建起的摩天大楼就会成为高不可

1　龙萨（1524—1585），法国诗人，其诗歌中写的玫瑰在欧洲诗歌史上十分著名。

攀的尖塔。如果空调设备失灵，我们将不得不打碎那坚固的玻璃窗以便呼吸。总之，如果没有电力，我们的整个生活结构，从交通工具到工厂，从电影到电视，从路灯到电子计算机都将支离破碎。我们的思维结构也很可能随着生活结构的瓦解而瓦解。我们从来没有像现在这样脆弱，如此依赖我们骄傲地创造的一切。

大概正是这种无能为力的感觉才促使我们再次顺河漂流，忘记了脚下的深渊。为了驱除巨大的怕，我们躲在日常千百个大大小小的怕之中：失业、住房问题、吸毒、犯罪、贪污、黑手党、绑架、性生活、强奸、恐怖主义等。但是，不管喜欢与否，巨大的怕总是与我们形影不离。如果说“原子意识”不足以排除危险这个观点是正确的，那么，假如我们力图躲避危险，“原子意识”是必要的条件，这一观点同样也是正确的。所以，我们应试图正视黑暗的深渊。正如我们所知，害怕既是有益的，也是有害的。如果害怕有助于我们躲避威胁，那么害怕就是有益的。如果害怕使我们麻木不仁、更为脆弱，那么害怕就是有害的。在我们谈到的历史事件中，也有人善于对付害怕，不为害怕所吓倒。惰性从来不是解决问题的办法。等待别人，而不是我们自己去应付某些问题的想法也不是可取的办法。

重要的是不要惧怕害怕。如萨特所说，不知害怕的人不是正常人。他缺少某些东西。他缺少一位妈妈——不管是保护性的妈妈，还是破坏性的妈妈。斯宾诺莎说过，没有不带希望的害怕，也没有不带害怕的希望。

因此，对于害怕，我们不要否认它。归根结底，我们都是它的子孙。

【诗 歌】

爱与死[1]（节选）

昌耀

是的，在善恶的角力中，
爱的繁衍与生殖
比死亡的戕残更古老、
更勇武百倍。

我，就是这样一部行动的情书。

我不理解遗忘，
也不习惯麻木。
我不时展示状如兰花的五指
朝向空阔弹去——
触痛了的是回声。

1 选自《昌耀的诗》，人民文学出版社 1998 年版，本诗为昌耀长诗《慈航》的第一节。

然而，
只是为了再听一次失道者
败北的消息，
我才拨弄这支
命题古老的琴曲？
在善恶的角力中，
爱的繁衍与生殖
比死亡的戕残更古老、
更勇武百倍。

幽默

第四十六

【经典论述】

幽默不是一种心情而是一种看待世界的方式。

——维特根斯坦[1]

幽默一定和明达及合理的精神联系在一起，再加上一些会辨别矛盾、愚笨和坏逻辑的微妙力量，使之成为人类智能的最高形式。

——林语堂[2]

再没有比懂得幽默更困难的事了。

——米兰 · 昆德拉[3]

1 冯·赖特、海基·尼曼编：《维特根斯坦笔记》，许志强译，复旦大学出版社 2008 年版，第 132 页。

2 林语堂：《生活的艺术》，华艺出版社 2001 年版，第 83 页。

3 ［法］米兰·昆德拉：《被背叛的遗嘱》，余中先译，上海译文出版社 2003 年版，第 7 页。

【故事】

天气预报：雨伞处处[1]

[以色列] 埃弗雷姆·基翁[2]
吴远恒　夏平　译

我国的气候安排得十分有序，甚至可以说，简直是一项规划的典范。一连九个月的夏天，悠长的日照，纤云皆无，两个过渡性的月份，只有一个雨月，就连这个月大部分也是做做样子而已。所以，难怪雨伞还没有深入当地居民的意识。就我个人而言，因为我原来是欧洲人，有时出门会带把伞。可是从来没有带回来过。

也许都是这种混杂性的冬天惹的祸。因为你无法判明它是拖了很久之后终于开始了呢，还是已经结束了。乌云密集，西伯利亚吹来的寒风在街上呼啸——可是15分钟之后阳光普照，鸟声啁啾，再过两分钟，半片天又变得阴暗起来，局部下起了阵雨。在这种神经兮兮的天气中，最保险的是不带雨伞就别出门。这至少是当我准备出门去迈可的车库取车的时候，我那小巧的太太的看法。

“把我的伞带上吧，”太太说，“千万别弄丢啦！”

1　埃弗雷姆·基翁：《现在可以说了：犹太智者基翁幽默文选》，吴远恒、夏平译，文汇出版社2004年版。

2　埃弗雷姆·基翁（1924—　），以色列作家、编剧、导演。

每次我带着一把伞出门，她总要像一只鹦鹉似的重复着这句提醒的话。这实在有点儿滑稽。她把我当什么人了——小孩吗?

"请问，我亲爱的，"我用一种简洁的讽刺口吻问她，"我什么时候丢过雨伞?"

"前天就丢了一把，"太太说，"求你别把我的伞也丢了!"

她对我在前天把我的伞忘在什么地方这件事幸灾乐祸。这个小女人，真是个揭人伤疤的大师。她抓住我不得不带着她的伞去迈可的车库的机会大做文章。她这是不给我面子，可不是嘛，因为她的伞明摆着是女人们用的：伞是蓝色的，伞身纤细，伞柄顶端不是一个把手，而是一个用大理石什么的做的狗头。我用两个指头捏住这把讨厌的怪伞，出门跨进倾盆大雨里。不用说，当我走下公共汽车，天气已经变得完全如同夏季。天空晴朗，树木开着花，大自然在苏醒，而我拿着一把女人用的伞走在迪曾果夫大街上。自然，汽车还不能取，迈可说还得把车调节好。我在回家的路上，顺道去了银行，取了一点现金，接着在加利福尼亚咖啡馆坐了一会儿，和一些朋友谈论戏剧批评的危机问题。然后，我匆匆赶回家去. 因为已经差不多 1 点 45 分了。

太太站在门口的台阶上，问道："伞在哪儿?"

伞在哪儿? 我已经彻底把伞忘了。可是我忘在哪儿? 在哪儿呢? 快想呀，老兄，最要紧的是保持头脑冷静。

"我把它扔在加利福尼亚咖啡馆了。"我忽然想起，"毫无疑问，因为我清楚地记得我把伞夹在两膝之间，好让他们看不见它。对了，我去拿，亲爱的，等两分钟……"

我快步直接向公共汽车站奔去，虽然这时又开始下雨了。我坐在公共汽车里，想着那些英国人，他们每走一步路都要带上雨伞，雨停了也不会遗失，正因为如此，这个整洁的有条不紊的种族建立了一个到现在才刚刚解体的帝国。我在沉浸于这种国际问题的思考的当儿，抵达了我的目的地。直到最后一分钟我才惊醒过来，赶快跳起来，一把抓住雨伞，开始朝车门挤去。

“喂，这是我的伞！”

叫喊的是一直坐在我旁边的一位非常胖的女人。我心不在焉地拿了她的伞。这种事情常常会发生。这把伞一直就放在我的手边，所以我弄错了。这又有什么呢？那位胖女人大叫大嚷，骂我是扒手，还叫我别的诨名儿。我向她解释我才不需要她的破伞，我自己有好几把伞战略性地分布在全城呢。反正一句话，我很快下了车，拼命逃走了。在加利福尼亚咖啡馆，我立刻找到了我太太的伞，或者说这把伞变成的垃圾。他们把它扔在一个墙角，踩在脚下，脏得惨不忍睹，真是一帮野蛮人。当我捡起这把破伞时，我的心脏一刹那停止了跳动。我太太会怎么说呢？在这个国家里，近来人生变得无比艰难了。

“哎，你瞧，”我回到家里强颜欢笑地向太太宣布，“我找到啦！”

“你找到什么？”

“你的伞呀。”

“这是我的伞吗？”

看来，在此期间，人家从银行把我太太的蓝伞送回来了。当然啦，我现在想起来了，我把它忘在银行里了。当然它是在银行里。那么，这把可怕的黑伞是谁的……谁的……

电话铃响了。

“我是加利福尼亚咖啡馆的服务员，”服务员说，带着点局促不安的声调，“这儿的人说你刚刚来过，拿走了我的伞。这可不好。我3点下班，外面在下雨。”

“实在对不起，”我回答，尴尬极了，“我立刻还给你！”

我太太有点儿紧张不安。

“把我的伞带上吧，”太太说，“可千万别弄丢啦！”

“我干吗要你的伞？我带着服务员的伞呢。”

“那你回来呢，傻瓜！”

亲爱的读者，你是否有过这样的经历：挟着两把伞走在炎热的地中海阳光照射着的街道上。一把是黑色的降落伞，另一把的顶端有一个狗头？我好像觉得排队等公共汽车的每一个人都在怜悯地望着我，他们的眼睛在说：“娘娘腔！”当我开始打喷嚏，可以潜身进入附近的一家药房去买阿司匹林时才感到如释重负。“天不再开始下雨我就不回到街上去。”我发誓，但是我的肚子突然开始咕噜噜地叫了，因为我还没有吃午饭，这是在提醒我。我来到街角的快餐店，要了半份炸豆丸，在公共汽车上狼吞虎咽地吃下了肚。服务员在加利福尼亚咖啡馆门口等着我。他看上去有点失望。

“喂，”他说，“我的伞呢？”

这就是他问我的问题，他的伞在哪儿。我怎么知道你的伞在哪儿，干吗问我？而我太太的伞在哪儿，你这混蛋！我几乎要朝他扑过去。该死的，究竟怎么回事，全世界所有的伞都从我的手上丢失了吗？

“干吗这么性急？”我跳到服务员面前，“我不是来这儿了吗？你马上就可以拿到你的伞！”

我冒着一阵倾盆大雨奔回去找公共汽车。真的太扫兴啦。我太太的伞，算了，我丢了就丢了，可是服务员的伞……

我上气不接下气地冲进药房。

“我……几分钟之前……留在……这儿……”

“有的，”药剂师说，“是这把吗？”

我一把抓住雨伞冲到街道上。直到今天我都没法发誓这把伞是我的。不错，它看上去像是我太太的，可是我有疑问。首先，它的颜色是绿莹莹的，很短，伞的顶端是闪闪发光的乌木，嵌着一块小牌子：“给我的妹妹丽亚·皮克拉博士。”我恐怕这不是我太太的名字。可是我总得有什么东西还给服务员，对吗？

这就叫适者生存，亲爱的朋友，今天是我，明天轮到你，这是没有办法的。如果你不当心，还没有等到你说出“低压锋面”这个词你就会手中无伞。据说中央汽车站每天都在分发新捡到的雨伞。你去那儿对他们说：“我在94路上丢了我的伞。”94路是公共汽车的线路。“是这把吗？”一位职员问道。“这是把破伞，”你回答说，“给我看一把新一点儿的。”

“嗨，先生！”卖炸豆丸的老板在笑嘻嘻地招呼我到他的快餐店里去。你知道吗？像兄弟姐妹一样靠在他的柜台旁的，是两把犟头倔脑的雨伞——一把是加利福尼亚咖啡馆那个家伙的，另一把是我太太的。

三把。总共是三把。

我排在等候公共汽车的队伍里，眼睛牢牢地盯着地上。挂在我强壮的右臂上摇晃的，是三把雨伞，一把黑的，一把蓝的，还有一把是绿的。至少得下点雨嘛！可是没有，天气实在是非常晴朗，正吹着一阵轻柔的西南风。我把这三把伞扎成一捆，好让它们看上去有点像商品，似乎我是一名推销员，或修理工，或是正在向嗜好博览会走去的一位收藏家，可是你骗不了犹太人。在公共汽车站一带晃悠的几个流鼻涕的小鬼对我指指点点，互相之间嘁嘁嚓嚓，夹着原始的笑声。这算是些什么样的娃娃呢?

在公共汽车上，我在车厢后部远远地找了个位置坐下，希望我那三件组合别让人注意到。谢天谢地没有人说闲话，人家已经对我习惯了。慢慢地——慢慢地我抬起头来观望，看到了面对着我……面对着我……面对着我的是……

我的上帝!

是那个胖女人。那个胖女人正好坐在我的对面。她目光呆滞地瞪着我的伞看了好久，讥讽地说："忙了一天了吧，唔?"

她没有废话，直截了当地向她的邻座解释她是怎样在中午把我活捉的。"他偷了伞就逃走了。二十年前，这个国家里没有这号人。年轻轻的，身体健康，衣服笔挺，居然偷雨伞，这就是他谋生的方式，真可耻。"人们向我投来斜视的目光。"警察，"有人提议，"咱们叫警察!"这群人可把我吓坏了，我不喜欢在公众场合露面。车一到下一站我就跳了起来，用肘部推开人群朝车门挤去，一下子跳进了外面的一场瓢泼暴雨中。当我从人行道上爬起来，我哀求地朝着天上伸出了我的双手。

我的双手?

天哪……在5路车上……三把……雨伞……

这些伞正在走向永恒的路上。

我闭着眼站在暴雨中，活像当今的李尔王，一动也不动。雨水灌进了我的领子，一直流到我的鞋底，涤洗着我有罪的灵魂。我站在那儿，没有任何退路。让洪水冲过来吧。让全世界毁灭吧。我将不离开这里，直到春天来临。

【诗歌】

天梯[1]

[罗马尼亚] 索雷斯库[2]

高兴 译

天花板上
悬挂着一缕蛛丝，
恰好在我床的上方。

每天，我都在观察
蛛丝如何垂得越来越低。
有人给我送来
天梯了——我说，
是从空中为我抛下的。

1 汪剑钊主编：《最新外国优秀诗歌》，春风文艺出版社 2002 年版。
2 索雷斯库（1936—1996），罗马尼亚诗人、剧作家。

尽管我瘦得要命，
只是昔日之我的幽灵，
但我想我的身躯
对于这纤细的梯子来说，
依然太沉太重。

——灵魂啊，你走在前面吧，
慢慢的！慢慢的！

敬告作者

《人之初：现代蒙学四十六课》收入了一批古今中外品质上乘，且适合青少年阅读的优秀作品。由于涉及作者人数较多，作品时间跨度较大，尽管我们经多方努力，多数作品已获得授权许可，但仍有部分作者、译者没能联系上。敬请作者、译者或著作权人予以谅解，并与我们联系著作权使用事宜，我们将及时奉寄样书并支付稿酬。

联 系 人：刘莹
联系电话：(010) 85924695

东方出版社
2016 年 9 月

图书在版编目（CIP）数据

人之初：现代蒙学四十六课 / 王尚文，郭初阳，颜炼军编著. — 北京：东方出版社，2016.7

ISBN 978-7-5060-9152-7

Ⅰ. ①人… Ⅱ. ①王… ②郭… ③颜… Ⅲ. ①人文科学—青少年读物 Ⅳ. ①C49

中国版本图书馆CIP数据核字（2016）第195043号

人之初：现代蒙学四十六课

（RENZHICHU: XIANDAI MENGXUE SISHILIUKE）

作　　者：王尚文　郭初阳　颜炼军
责任编辑：陈　卓　刘　莹
出　　版：东方出版社
发　　行：人民东方出版传媒有限公司
地　　址：北京市东城区东四十条113号
邮政编码：100007
印　　刷：三河市腾飞印务有限公司
版　　次：2016年10月第1版
印　　次：2019年5月第8次印刷
开　　本：880毫米 × 1230毫米　1/32
印　　张：10.5
字　　数：201千字
书　　号：ISBN 978-7-5060-9152-7
定　　价：38.00元